中国少数民族人口丛书

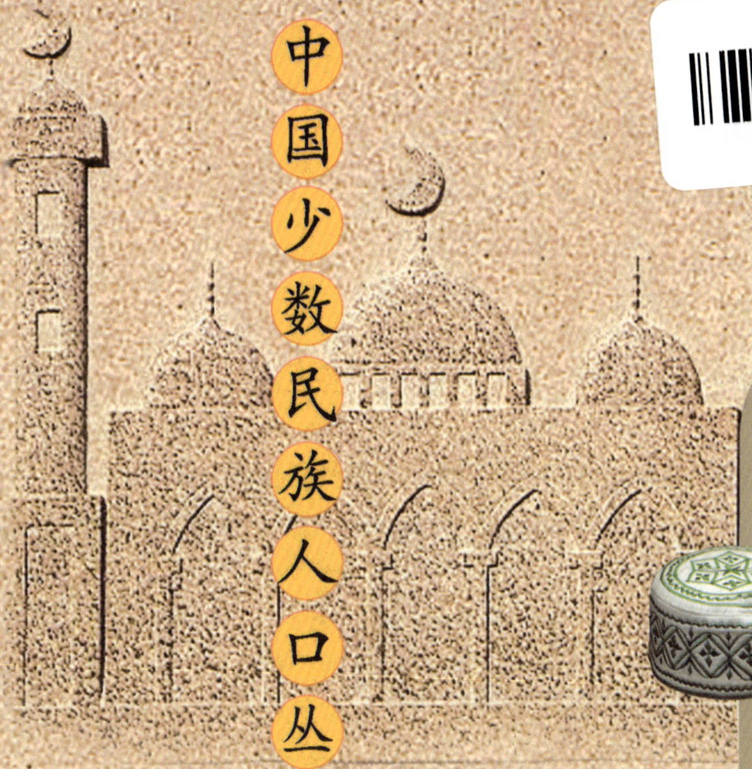

回族

翟振武 主编

丁宏 杨阳/著

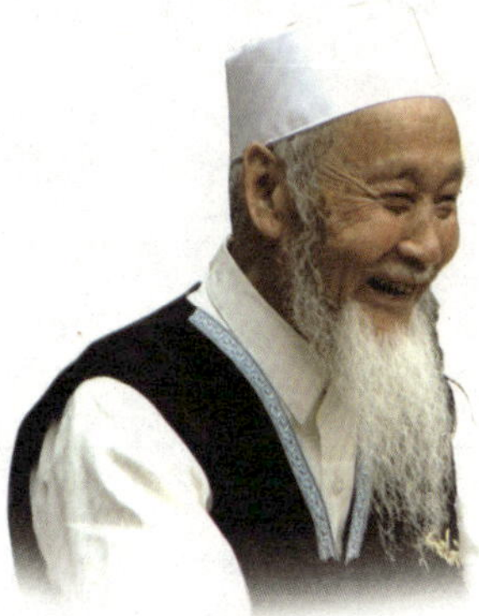

图书在版编目（CIP）数据

回族/丁宏，杨阳著．—北京：中国人口出版社，2014.7（2022.7重印）
（中国少数民族人口丛书）
ISBN 978-7-5101-2673-4

Ⅰ.①回… Ⅱ.①丁… ②杨… Ⅲ.①回族－民族文化－中国 Ⅳ.①K281.3

中国版本图书馆CIP数据核字（2014）第157949号

中国少数民族人口丛书　回族
ZHONGGUO SHAOSHU MINZU RENKOU CONGSHU　HUIZU
翟振武　主编　丁宏　杨阳　著

责任编辑　曾迎新
美术编辑　刘海刚
责任印制　林鑫　王艳如
出版发行　中国人口出版社
印　　刷　北京兴星伟业印刷有限公司
开　　本　710毫米×1000毫米　1/16
印　　张　10.25　插1
字　　数　137千字
版　　次　2014年7月第1版
印　　次　2022年7月第2次印刷
书　　号　ISBN 978-7-5101-2673-4
定　　价　42.00元

网　　址　www.rkcbs.com.cn
电子信箱　rkcbs@126.com
总编室电话　(010) 83519392
发行部电话　(010) 83510481
传　　真　(010) 83538190
地　　址　北京市西城区广安门南街80号中加大厦
邮　　编　100054

中国少数民族人口丛书编委会

序

如果把一个民族比作一颗星星，那我们就是生活在一个繁星满天的世界。当今世界上有约3000个民族，分布在200多个国家和地区，绝大多数国家由多个民族组成。中国也是同样，是由各族人民共同缔造的统一的多民族国家。在漫漫的历史长河中，生活在中华大地上的各族人民密切往来、交流融合、团结奋斗、休戚与共，形成了一个伟大的强盛的中华民族大家庭，共同开发了祖国的美好河山，共同推动了国家的发展和社会的进步。

在中华民族的大家庭中，有56个成员，其中有55个是少数民族。新中国成立以来，少数民族人口一直持续增长。1953年第一次全国人口普查时，少数民族人口总数为3532万人，占全国总人口的6.1%。2010年进行第六次全国人口普查时，少数民族人口总量达到了1.14亿，几乎是1953年的3倍，占到了全国13.4亿人口的8.5%。各少数民族人口数量相差较大，如壮族有1693万人，回族1059万人，满族1039万人，维吾尔族1007万人，而赫哲族只有5354人，塔塔尔族3556人，独龙族6930人。中国各民族的人口分布呈现大散居、小聚居、交错杂居的特点。汉族地区有少数民族聚居，少数民族地区也有汉族居住；许多少数民族既有一块或几块聚居区，又散居全国各地。中国少数民族聚居区大都地广人稀，资源富集。少数民族地区的草原面积，森林和水力资源蕴藏量，以及天然气等基础储量，均超过或接近全国的一半。全国 2.2 万多公里陆地边界线中的 1.9 万公里在民族地区。全国的国家级自然保护区面积中民族地区占到 85%以上，是国家的重要生态屏障。中国各民族的起源和经济、社会、文化的发展有着本土性、多元性、多样性的特点，五彩缤纷，丰富多彩。

要全面认识中华民族，就要从认识每一个民族开始。正是从这个理念出发，我们编写了这套《中国少数民族人口》大型系列丛书，力图从历史、文化、经济、社会等各个方面，用准确、科学、生动的语言，全方位描述和展现各少数民族灿烂辉煌的历史和现状，编织出一幅绚丽多彩的中华民族大家庭的“全家福”。

编写这样一套大型系列丛书，难度非同一般。几经论证和深入研讨，最终形成了编写大纲，这套丛书各个分卷的作者绝大多数由少数民族作家担任，他们不仅熟悉自己民族的历史和文化，而且对本民族有深厚的感情。在国家新闻出版总署、国家人口计生委和中国人口出版社的大力支持下，作者们历经数年，几易其稿，终成此书。值此丛书出版之际，我们衷心地祈愿这幅“全家福”能为民族的交流和团结，为中国的文化建设，为整个中华民族的繁荣昌盛，作出一份微薄的贡献。

翟振武

2012 年 5 月于北京

PREFACE

Every nationality sparkles like a star in the firmament. Now we have about 3000 stars distributed across the world in more than 200 countries, most of which are multinational. So is China, which consists of a number of nationalities. For centuries, all the nationalities have lived together, worked together and fought together, making China a prosperous unified multinational country.

Of all the 56 nationalities in China, 55 are minorities whose population has been increasing since the founding of The People's Republic of China. According to the first census in 1953, the minority population was about 35. 32 million, accounting for 6. 1 percent of China's total population. By 2010, the number had almost tripled. According to the sixth census, the population of the minorities amounted to 114 million, making up 8. 5 percent of the 1. 34 billion people in China. The population size of minority groups varies a lot. Some of them have a large population, for example, the Zhuang Nationality has a population of 16. 93 million; the Hui has 10. 59 million people and the Manchu consists of 10. 39 million people. Some of the minorities are quite small, such as the Hezhe, the Tatar and the Drung nationalities, which have populations of 5354, 3556 and 6930, respectively. China's nationalities live together over vast areas with some living in individual, concentrated communities in small areas.

Some minorities' concentrated communities are scattered among the Hans, and some Han people also live in the minority communities. Some minorities may have one or more concentrated communities, while their people spread all over the country. Most minorities' concentrated communities have their people sparsely distributed in large areas with abundant resources. The grassland, forest, water and natural gas reserves in areas inhabited by minority people account for about half of China's total. Further, 19 000 kilometers of the nation's 22 000-kilometer land boundary are in minorities' communities. In addition, 85 percent of the country's state-level natural reserves are in the minority areas, making the people important guardians of China's ecology. Each of the nationalities' origin is unique, and their development of economy, society and culture is full of variety.

Only by learning every aspect of the minorities' lifestyle can we have a comprehensive understanding of the Chinese nation. Under this notion, we write this series of books on the Population of China's Minorities to provide a detailed picture of our Chinese nation, with the glorious past and prosperous present of the country's minorities.

It is through trials and tribulations that we write this spectacular series of books. Most of the authors, who have profound knowledge of the minorities and wrote the books with their strong emotions, are members of minority groups. With the great support of the National Publication Foundation, the National Population and Family Planning Commission and China Population Publishing House, the authors completed the books after years of unremitting endeavor.

On the publication of this series of books, we are looking forward to seeing these books contribute to the unity of the Chinese nation and help our country flourish in the future.

Zhenwu Zhai
Beijing
May 2012

目录

Contents

综 述

回回民族是一个人口较多、分布广泛的少数民族，自形成迄今，在中国这片广袤而深厚的土地上繁衍生息了近千年，形成了独特而璀璨的民族文化，为多姿多彩的中华民族文化宝库增添了新的篇章。

据 2010 年第六次全国人口普查统计，回族人口有 10 586 087 人[①]，在全国各民族中仅低于汉族和壮族，居于第三位。

回族的分布特点是“大分散，小聚居”。在我国辽阔的土地上，北自黑龙江，南到海南岛，西起帕米尔高原，东至东海之滨，都有回族居住，其中宁夏、甘肃、新疆、河南、青海、云南、河北、山东等省区人数较多。由于生活习惯等方面的原因，凡有回族分布的地区，多以清真寺为中心形成大小不一的聚居区，一般是在城市自成街道、在农村自成村落。虽然回族人口不足汉族人口的百分之一，其分布的广泛性几乎与汉族相当。在中国，几乎所有县级以上的行政区域内都有回族居住，回族拥有比其他任何少数民族都多且遍及全国的自治地方。宁夏是省一级回族自治区。地区一级的回族自治地方有新疆昌吉回族自治州和甘肃临夏回族自治州。此外，还有新疆焉耆，甘肃张家川，

---

① 国家统计局人口和就业统计司，国家民族事务委员会经济发展司编：《中国 2010 年人口普查分民族人口资料》，北京：民族出版社，2013 年，第 6 页。

青海化隆、门源，河北大厂、孟村等六个回族自治县。在云南西部有巍山彝族回族自治县，东部有寻甸回族彝族自治县，贵州有威宁彝族回族苗族自治县，青海有民和与大通两个回族土族自治县。这种“大分散”的分布格局，决定了回族要与周围的环境相适应，与生存的空间融为一体，并形成回族的如下特点：

第一，回族主要处于和其他民族混杂居住的状态。维吾尔族、藏族、壮族、蒙古族等民族人口的绝大多数都分布在各自的自治区域，其他少数民族也多拥有自己或大或小的传统居住地域。而回族不然，自形成就遍及华夏，宁夏回族自治区的回族人口也只占全国回族人口的五分之一左右。

第二，我国地域辽阔，各地自然环境和经济条件多种多样，这对回族社会的发展产生许多深刻的影响。回族在经济上与其所生活的生态环境相适应，呈现多层次、多结构的形式。

第三，一个民族的文化传承不能脱离其所生存的环境，回族分散居住于全国各地，由于受一定地域生产条件、生活环境的影响，天长日久，也必然使不同地区的回族在文化上产生某些差异。因此，地域性差异是回族文化的特点之一，这不但使回族文化更加多彩多姿，也表现了回族文化的开放性和包容性。

回族形成于我国的元明时期，其分散全国的分布格局是历史发展的结果，是与其特殊的形成模式及文化特点分不开的。回族的族源，最早可以追溯到唐宋时期在华侨居的穆斯林“蕃客”。由于中国封建社会高度发展和对外开放，大量阿拉伯、波斯商人来到中国，其中一些人定居下来，但此时的“蕃客”仅仅是松散的侨民，还没有形成一个民族。回族的主要来源则是 13 世纪由于蒙古西征的军政活动而东迁的中亚各族人、西亚波斯人和阿拉伯人、西域部分原著居民，以及由这些地区东来的各民族穆斯林商人；同时，还有因嫁给这些人而信仰伊

斯兰教的汉族等其他民族的众多女性群体；他们在元代官方文书中通称为“回回”。[①] 这些回回军士、农人、工匠，也有商人、宗教人士和学者遍及全国，因此史书中有“元时回回遍天下”[②] 之说。及至明代，仍有中亚等地信仰伊斯兰教的各族人民定居在西起甘肃、东极海南岛表、北自辽东、南至滇桂的大部分省份中；还有来中国而定居的东南亚穆斯林。此外，由于通婚、宗教认同等原因，一部分汉族、蒙古族和维吾尔族融入回回人中；而如开封的犹太人这样在习俗上与穆斯林略同的群体也被称为“回回”，久而久之也汇入回族先民的行列。

以上是对融合为回族的多种族源的介绍，从中可以了解这样一个事实，即回族形成于中国，但与中国许多古老的民族由古代的某个民族、部落融合发展而成的情况不同，也不是纯粹移植而来的外来民族，而基本上以来自域内域外信仰伊斯兰教的各族人为主体，在长期历史发展过程中吸收和融合了多种民族成分而逐渐形成的民族。回族形成过程中的时间跨度（经历了从唐代至明代几百年）、族源的多元化（包括西亚、中亚的阿拉伯人、波斯人及突厥语族各族人、东南亚穆斯林、中国的汉族、维吾尔族、蒙古族等）、回族先民初期入华时所从事主要活动的流动性（比如，经商、参加蒙古军统一中国的战争）等方面的特点造成这个形成于中国的民族注定不会固着于某一地域，而是适应环境及不同时代政治、经济等方面的需要散居于中华大地，形成了“回回民族遍华夏”的分布特点。

---

① “回回”这一名称，一般认为最早出现在北宋沈括的《梦溪笔谈》中：“旗队浑如锦绣堆，银装背嵬打回回。先教净扫安西路，待向河源饮马来。”见（宋）沈括著，金良年、胡小静译：《梦溪笔谈全译》，卷五，《乐律一・新制凯歌》，上海：上海古籍出版社，2013 年，44 页。但在宋代时指的是唐代以来居住在安西（今新疆南部葱岭以西部分地区）一带的回纥人，和元代所说的“回回”含义不同，见金吉堂：《中国回教史研究》，银川：宁夏人民出版社，2000 年，第 3～8 页。

② （清）张廷玉等撰：《明史》，卷三百三十二，《西域四・撒马儿罕》，北京：中华书局，2008 年，第 8598 页。

回族散居全国，但保持着伊斯兰教的宗教信仰。伊斯兰教在回族形成和发展中起到了重要的纽带和凝聚作用。伊斯兰教对于回族而言既是一种信仰，也在宗教的名义下包括着社会制度和风俗习惯等多方面内容，深深地渗透到回族政治、经济、文化、习俗的各个方面。为了宗教活动及日常生活的便利，回族人民每到一个地方，往往聚族而居，形成一个个别具特色的回族社区，并习惯在住地修建清真寺，以清真寺为中心居住。历史上，随着回族在形成和发展过程中逐渐扩散，清真寺亦遍布全国，其中广州怀圣寺、泉州圣友寺、杭州真教寺、扬州仙鹤寺被称为东南沿海“四大古寺”；北京的牛街礼拜寺、东四清真寺、法明寺、普寿寺在历史上被称为“四大官寺”；此外，还有规模宏大的西安化觉巷清真寺、融中阿建筑艺术为一体的宁夏同心清真大寺等。以上清真寺因其中国伊斯兰教特有的建筑风格，成为我国古代文化宝库中的一份珍贵遗产，在我国建筑史上占有重要的地位。

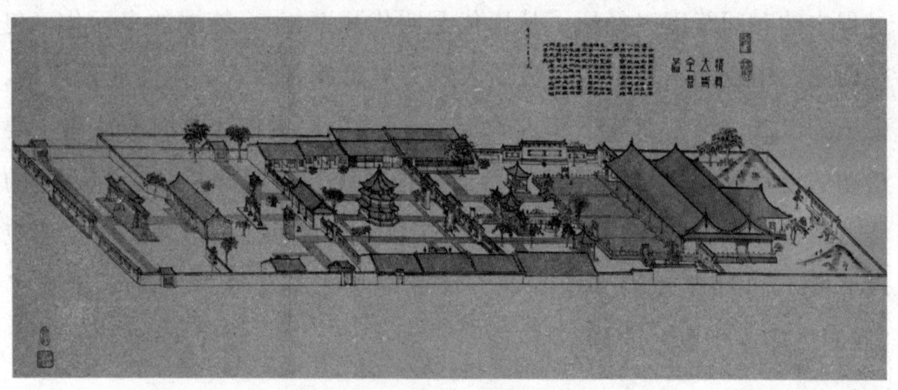

西安化觉巷清真寺全景图　（敏昶提供）

在中国的各民族中，回族属于较“年轻”的一员，回族从其诞生之日起就一直面对着动荡的历史局势、复杂的民族关系和艰苦的生存环境。这种特殊的历史条件，造就了回族人艰难创业、自强不息的性格和心理状态。作为一个有着独特文化风格的民族，回族始终以生气

勃勃的精神活跃于中华大地上，对我国的政治、经济和文化的发展做出了重要贡献。唐宋两代，穆斯林蕃客的到来繁荣了中国的海外贸易市场，也为中华文化注入新的文化元素；元代，回回人为农业的开发和商业的兴盛而辛勤劳作，同时在医学、建筑、天文等领域取得了突出的成就，更涌现出政治家赛典赤·赡思丁、天文学家扎马鲁丁、诗人萨都剌、作曲家马九皋、画家高克恭等著名人物；明代，回族的政治地位及社会影响方面虽说不及元代的回回人，但也涌现出常遇春、冯胜、蓝玉、沐英等开国功臣以及航海家郑和、政治家海瑞、思想家李贽、翻译家王岱舆、文学家丁鹤年等杰出人物；清代，回族人口明显增加，在中国大部分地区从事农业生产，其生产水平不亚于周边的其他民族。但由于各种矛盾激化，西北、云南等地回族人民不断进行反抗斗争，但是每一次反抗斗争的结果，不是遭到残酷的镇压，便是被迫迁移到更加偏僻和落后的荒绝之地，因此，有清一代回回民族在政治、经济、文化等方面都再没有出现元、明两代那样有影响的历史人物。

纵观回族形成和发展的历史，从一千三百多年前的回族先民，到元明时期逐渐形成一个颇具特色的民族共同体，千百年来走过了漫长而曲折的道路。这期间，有过流徙的苦难，也曾为生存而苦苦奔波。但回族毕竟是中华大地上诞生的民族，其形成与中国社会政治、经济、文化有着千丝万缕的联系，因此，热爱国家的优良品质从一开始就铸进回族的民族感情中，成为其民族意识的重要组成部分。在爱国主义传统下，回族人民虽然遭受着阶级压迫和民族压迫，而当国难当头时，他们能够忍辱负重，同各族人民一道共纾国难。在鸦片战争、中日甲午战争、抗击八国联军攻打北京的战争及抗日战争中，都有回族志士的殊死奋战、血染河山；在辛亥革命、五四运动、北伐战争及解放战争中，有无数回族好儿女勇敢的投入和牺牲；新中国成立后，回族人民以极大的热情投入社会主义建设的洪流。随着社会的进步，回族文化也获得新的发展。如今，回族人民正与全国各族人民一道坚持改革开放，团结合作，为实现中国社会的繁荣与发展而努力奋斗。

回族的风俗文化，因其民族形成发展的特殊性，表现为多元文化结合的特色。回族与国内外穆斯林民族的文化有许多共同之处，即深受伊斯兰教影响。但是，另一个重要事实是，回族是在中华大地上形成的一个民族，回族文化是由伊斯兰文化和中华文化相交织、融会而形成的，由于回族自形成之日就使用汉语作为日常生活交流的语言，其居住地又与汉族杂居等特点，也有人将回族称为“汉语穆斯林”、“汉装回”等。

回族，这个中华民族绵长历史进程中形成较晚、但却具有丰富的历史内涵和独特文化模式的民族，在千年历史的沉浮中铸造着自己的形象和心灵。透过回族社会的发展及经济、教育、风俗、信仰等，可以了解回族发展的历史脉络及其所创造的文化辉煌。

第一章

从“蕃客”、“回回人”到回族

回族是在中国土地上形成的民族，既非源于中国古代的氐族、部落，也不是外来民族，而是长期融合和吸收中外各族而逐渐形成的，这样的现象在世界民族中也不多见。因此，从种族、民族成分的构成的角度来看，回族在族源上是中外民族的多元结合，而且不同的回族先民群体来到中国的时间也有先有后，他们分别以“蕃客”、“回回人”的称呼出现在中国文献中。值得注意的是，伊斯兰教在中国的发展，对回族的形成也起到了重要的纽带作用。

第一节　唐宋时期的穆斯林“蕃客”

唐代是中国历史上“盛世王朝”，不仅疆土面积空前，在文化上也是兼容并包，各个民族、多种文化交错杂处；而宋代的外交与海外贸易也大大超越了唐与五代的水平。在唐宋时来华侨居的穆斯林“蕃客”，是回族可以追溯到的最早的族源。

在唐王朝鼎盛的同时，西亚的阿拉伯人以伊斯兰教为旗帜，建立了西濒大西洋、东至中国西部边陲的大食国。中、阿两国通过陆上“丝绸之路”和海上“香料之路”保持着频繁往来。中国文献中关于唐

王朝与大食国的官方外交往来的最早记载是在唐高宗永徽二年（651年），大食国哈里发奥斯曼遣使来华[①]。中、阿两国正式缔交后，大食国使节和“贡使”不断来中国，见于我国史书记载的唐代大食国使臣来华次数达39次之多[②]，此外还有阿拉伯、波斯等地的穆斯林商人、传教士大量涌入，并在中国东南沿海的港口城市和内地的长安、开封等地从事贩卖香料、象牙、珠宝、药材和犀角等类物品的生意，同时从中国换回丝绸、茶叶、瓷器等商品，中国人称他们为“蕃客”、“蕃商”和“胡商”等。起初，他们中的大多数人并没有在中国定居，而是随着洋流和季风的节律穿梭于中国与阿拉伯世界之间。

但随着商业往来日益频繁，加之唐、宋政府对海外贸易采取扶植、鼓励的态度，因而有不少蕃客选择留居中国不归，也就是“住唐”。这样，他们就从来去匆匆的商旅转变为具有居留权并能参与中国社会生活的侨民。据《资治通鉴》记载，唐贞元三年（787年），唐玄宗天宝年（742～756年）以后，“安西、北庭奏事及西域使人”因被当时的吐蕃断绝归路而“留长安久者，或四十余年”，不但“皆有妻子，……安居不欲归”，而且其中“有田宅者，凡得四千人”；这些“胡客”由唐政府负责供养，使得朝廷不堪重负，于是常侍李泌下令让胡客绕道回国，但“有不愿归，当于鸿胪自陈，授以职位，给俸禄为唐臣”，结果胡客“无一人愿归者”[③]，这说明少数“蕃客”、“胡客”在当时已经可以获得“唐臣”的身份了。9世纪阿拉伯商人所作游记也说，唐末居

---

① （后晋）刘昫等撰：《旧唐书》，卷一百九十八，《西戎·大食》，北京：中华书局，2008年，第5315页。

② 杨怀中、余振贵主编：《伊斯兰与中国文化》，银川：宁夏人民出版社，1995年，第48～52页。

③ （宋）司马光：《资治通鉴》，卷二百三十二。见（清）纪昀编纂：《景印文渊阁四库全书》，第三〇九册，《史部》六七，编年类，台北：台湾商务印书馆股份有限公司，2008年，第335～336页。

住在广州的阿拉伯人、波斯人、犹太人和基督徒有12万之多,[①] 这个数字或许有所夸大，但可以看出其人数之多。

宋代，通商贸易的规模在唐代基础上又有所发展，在中国的阿拉伯人、波斯人也更多了，他们多集中在广州和泉州这些港口城市，仅泉州一地就数以万计。为照顾他们的生活习惯，中国政府在城市中划出专门的区域作为蕃客的聚居之地，称之为“蕃坊”，并允许他们与汉人通婚，还可以携带家眷来华。在“蕃坊”内，蕃客可以按《古兰经》、“圣训”和伊斯兰教习惯行事。为了履行宗教义务、践行宗教仪式，他们还在聚居地建造礼拜寺、开辟公共墓地。中国最早的一批清真寺就在唐宋时建成：今广州怀圣寺相传为唐初来到中国的阿拉伯传教者斡葛思所建；泉州清净寺始建于南宋绍兴元年（1131年）；扬州仙鹤寺建于南宋咸淳年间（1265～1274年）；杭州真教寺始建于唐，毁于宋，又在元代重建。

外来穆斯林商人在中国寓居或定居后，也开始与当地汉族人婚配、繁衍后代，于是出现了“土生蕃客”这一称呼。由于长期留居，这些蕃客和土生蕃客也逐渐开始学习中国文化，有成就者也不乏其人。例如，唐宣宗大中元年（847年），大食人李彦升考取了进士的事件曾轰动一时；唐末五代的诗人李珣是久居四川的波斯人后裔，人称“李波斯”，全家以贩卖“蕃药”为业，他著有《海药本草》，明时李时珍著《本草纲目》还曾引用过他的成果；南宋末大食人的后裔蒲寿庚曾在泉州任提举市舶使达30年之久，他的兄长蒲寿宬已成为典型的用汉文写作的中国式文人，并著有《心泉学诗稿》传世。这一时期还出现了不少“富盛甲一时”的巨商豪贾，说明蕃客在中国已有相当的社会和经济地位。

---

① 佚名著，穆根来、汶江、黄倬汉译：《中国印度见闻录》，北京：中华书局，1983年，第96页。

泉州清净寺　（敏俊卿提供）

然而，唐宋时期来华的大多数阿拉伯人和波斯人都尚属侨居性质，没有被称作“回回”，还没有形成中国境内的一个民族。到了元代，由于大量回回人的东迁，“回回”才开始具有了民族的雏形。而早期被称为蕃客者，也成为回回民族来源的组成部分。

第二节　元代东迁的“回回人”

在元代，“回回人”的称呼开始出现在中国的文献中，用来泛指中亚突厥语族各族及西亚的阿拉伯人、波斯人等信仰伊斯兰教者。回回人的东迁，与当时中国北方蒙古汗国的兴起以及由此而引起的其他重大政治、军事和社会变迁密切地联系在一起。

南宋末年，蒙古汗国兴起。成吉思汗（1162～1227 年）及其继承者分别于 1219～1225 年和 1252～1260 年发动了三次大规模“西征”。在这近半个世纪的时间里，蒙古大军先灭了中亚的花剌子模国，并平定了中亚的阿速、康里、钦察和西亚的呼罗珊、木剌夷、黑衣大食，还向北挺进俄罗斯、波兰和匈牙利等地，将中亚和西亚的广大地区收入蒙古帝国的版图，这其中就包括葱岭以西、黑海以东和以南那些信仰伊斯兰教的各个国家和民族。

蒙古大军西征的过程中，每攻克一城一地都要掠取当地工匠，并将俘获的妇孺分配给贵族、官员为仆役，甚至签发征调当地青壮年充军。就这样，随着蒙古大军的步步深入，中亚突厥语族的各族和西亚的波斯人、阿拉伯人被作为战俘而一批批迁徙到东方来，并参加了蒙古人南下的战争，其中被签发、俘掠之人总数大约有几十万之众。如1220年成吉思汗攻克花剌子模国的新都撒麻耳干（即今乌兹别克斯坦的撒马尔罕）时，被俘的工匠多达3万人，还有相同数目的青壮年被签发充军；玉龙杰赤（即今土库曼斯坦的库尼亚一乌尔根奇）之役后，被迫东迁的色目人工匠多达10万人。

军事并非是回回人东来的唯一原因，自由的贸易通商也造成了回回人的东迁。蒙古贵族的西征间接导致中西之间通路大开，西亚地区与中国在陆地上也变得“无此疆彼界”，自愿而来的商人盛于唐宋两代；便利的“海上丝绸之路”，仍将波斯、阿拉伯等国的穆斯林从海路源源不断地输送到中国的东南沿海地区。这些来自不同地域和不同民族、使用着各自不同语言文字的穆斯林，在“回回”这个共同名称下，以驻军屯牧、经商等方式，充当着官吏、学者、掌教、工匠、商人等不同社会身份，散处在黄河上下、长城内外以及大江南北各地。《明史》载：“元时回回遍天下”①，“迄元世，其人（回回）遍于四方，皆守教不替”②。

① （清）张廷玉等撰：《明史》，卷三百三十二，《西域四・撒马儿罕》，北京：中华书局，2008年，第8598页。

② （清）张廷玉等撰：《明史》，卷三百三十二，《西域四・默德那》，北京：中华书局，2008年，第8625页。

可以说，有元一代全国设置中书省（辖今北京、河北、山西及山东）和十个行中书省中都有回回人居住。元初，意大利人马可·波罗（约1254～1324年）在其游记中曾多次提到中国各省都散布着“伊斯兰教徒”；元末时来到中国的摩洛哥旅游家伊本·白图泰也在游记中写道：“中国各城市都有专供穆斯林居住的地方，区内有供行聚礼等用的清真大寺。”①

元代，回回的主要社会活动是战争和农耕。在元朝建立的过程中，入居中国的回回大多数被分别编入“诸道回回军”和“西域亲军”及以族裔为称号的“哈剌鲁军”、“阿儿浑军”等。从成吉思汗西征结束时起，他们就不断被签发南下，转战各地。这一时期，战争在回回的社会生活中占有很重要的地位，但无战事时，他们便在镇戍之地进行垦牧。这种兵农合一的生活使回回逐渐融入当地社会生活，成为居民。元朝建立后，战事越来越少，回回人的生活进入新的发展时期。至元十年（1273年），元世祖忽必烈诏令各种戍军“随处入社，与编民等”②。“入社”的本意在于劝农，一般是50家为一社，并设社长一职专督农业生产，“社”是农村的社会基层单位，可以说也是后来回回营、回回村的雏形。从此以后大批回回军士在社的编制下操起农耕来，并通过“入社”取得在籍、在户的普通农民身份，但仍有一部分人过着兵农合一的生活，也就是所谓的“屯戍”。屯戍人口是聚居的，入社、编民则既可能是聚居也可能和别的民族杂居。

除了从事农牧业以外，定居下来的回回人还有不少从事手工业的，这与蒙古大军西征带回不少回回工匠的历史有关。在西征的过程中，蒙古人对有一技之长的工匠的态度是“俘而不杀”，把他们集中迁到东

---

① （摩洛哥）伊本·白图泰著，马金鹏译：《伊本·白图泰游记》，银川：宁夏人民出版社，2000年，第541页。

② （明）宋濂等撰：《元史》，卷九十三，《食货一·农桑》，北京：中华书局，2008年，第2356页。

方，从事战备物资和日常生活用品的生产。元朝建立以后，这些工匠又开始专门从事为王室、贵族生产奢侈品的工作，如制造丝织物“纳失失”等。回回工匠对漠北城市及宫廷建筑具有突出贡献。窝阔台汗时期（1229～1241 年），建造以万安阁为中心的和林城，亦称“哈剌和林”（故址在今蒙古国鄂尔浑河上游），不少回回工匠参加了这项工程。据史料所记，和林城拥有宏伟壮观的建筑群，城内除瑰丽的宫殿外，还建造了许多官邸、仓库，并设有两座回回礼拜寺，城区划为回回和汉人两部分，该城是商人、手工业者聚居营造之地。和林城的建筑工程役使各族工匠 1500 多人，历时 10 余年，其中回回工匠 500 多人。窝阔台还役使回回工匠在和林以北的迦坚茶寒湖旁建造一座名为“扫邻城”的春猎行宫；在和林城南建“图苏湖城”（迎驾殿），作为从冬营地翁金河返回和林途中的驻跸之地。蒙哥汗时代（1251～1259 年），忽必烈受命主管“漠南汉地军国庶事”，在恒州东北、滦水北岸的龙冈修筑成廊宫室，名曰开平（即元上都，在今内蒙古自治区正蓝旗东），这里后来成为元朝的陪都，规模宏大、雄伟，外城街市区的回回街是建筑工匠或商人的聚居之地，区内回回礼拜寺是举行聚礼等宗教活动的场所。

回回人对元朝大都（即今北京）建设的贡献颇为突出。著名建筑家亦黑迭儿丁（？～1312 年）为大食国人，是元大都宫殿和宫城的设计者和工程组织者。至元三年（1266 年），亦黑迭儿丁被任命为迭儿局诸色人匠总管府达鲁花赤[①]，兼领监宫殿，同张柔、段天佑同行工部事，负责修建宫城，对大都宫殿建筑群作出了整体的规划，他领导和设计的元大都宫阙的建筑工程，对明、清北京故宫乃至整个北京的城市建筑和发展都发挥了积极的影响。

---

① 达鲁花赤：蒙古语，原意为“镇守者”。后作为元朝的官名，为所在的地方、军队和官衙的最大监治长官。

这一时期，与官方手工业并存的还有个体家庭手工业，主要满足农业、牧业生产的需要，制作一些农业生产工具、日常生活用品，有的还从事皮毛制品。

严格地讲，回族对社会经济影响较大的领域还是商业贸易活动。早在蒙古汗国兴起以前，回族商人就往来于西域、漠北和中原之间，以粮食、绸缎、布匹换取游牧民族的牲畜、皮张等畜产品，再转手贩运。成吉思汗建国后，一些回族商人替蒙古贵族经营或放债营利，蒙古人称之为“斡托”①，他们经营金银珠宝、金锦罗缎等供贵族和勋戚享用的奢侈品，有的还参加了成吉思汗早年的创业活动。后来，随着蒙古大军西征和驿道的广泛设置，特别是元朝建立后，中西交通发达，加之蒙古统治者对回回商人给予种种优待，来自西域的商人甚至远远超于唐宋两代，他们的活动遍及全国各地，其中以元大都和东南沿海的泉州、杭州、广州、扬州、镇江等城市为最，有的还深入岭北行省最北边的吉利吉思、巴儿忽、豁里及西南边疆地区。香料、珠宝、金银器皿、药材等是他们经营的主要商品。

一些回族商人还擅长海上贸易，其足迹达亚非十数个国家和地区，包括今菲律宾诸岛、中南半岛、印度尼西亚等南亚地区及波斯湾沿岸、阿拉伯半岛和非洲北部的东岸沿海地区。他们交纳的税款在元世祖时期的财政收入中占重要地位。元武宗时（1307～1311年），中政院所需食羊是通过回族商人阿老瓦丁贩运浙盐盈利后供应的。皇室也常以虎符、圆牌、驿站玺书授予回族商人，遣他们赴西域购买奇珍异物。这些事实，可窥知当时回族商人资本之雄厚。除生财有道外，回族商人还精通理财之术，所以受到皇帝重视，因此其中进入仕途者也不乏其人。尽管如此，能够成为巨贾的回族还只是少数，更多的则是小本经营者，大半从事长途贩运、运行小宗贸

---

① 斡托，突厥语词音译，意为商人、官商。

易活动、经营日用商品，但他们的“小本生意”依然对促进各地区间的物资交流也起了积极作用。

元代的回回人作为色目人的组成部分，在仕官、科举、荫叙、刑罚和私有兵马等方面会受到一定程度的待遇。在新的历史条件下，一些回回人中的上层人物鉴于政治、军事、经济等优势，直接步入元朝封建国家的统治集团内，享受政府授予的种种特权。但并不是所有回回人都拥有这种待遇，被俘东来的妇女、儿童一般都被分配给蒙古贵族，当做仆役使用，而元朝的法令又一再肯定了这种奴役关系。无论是被编入“军籍”的回回军士，还是被编入官方手工业局的回回匠人，都基本算是封建国家和蒙古贵族的奴隶或半奴隶，无人身自由可言。随着地主经济的出现和元朝四等人制（即蒙古、色目、汉人、南人）的进一步确立，特别是在汉族封建制度的强烈影响下，元朝广泛采用汉法，使得回回的政治、经济和文化急剧地向着封建化发展，逐渐分化为享有封建特权的统治阶级和承担各种封建义务的被统治阶级。

元朝统治者对各种宗教采取兼容并蓄的态度，采用以其俗而治其民的政策，因而回回人被允许保留自己的宗教信仰和习俗，“居中土也，服食中土也，而惟其国俗是泥也”①。回回人在各地聚居区内建立了不少礼拜寺，而规模较大的礼拜寺内已设有掌教以及其他执掌教法、寺务的人。在元代的诏令、典章等文献中，称礼拜寺为“密昔吉”② 或俗称“回回寺”，称掌教为“回回掌教”、“回回大师”，称伊斯兰教法为“回回法”、“回回家体例”等。元代统治者还在中央设置了“回回

① （元）许有壬：《至正集》，卷五十三，《西域使者哈扎哈津碑》。见（清）纪昀编纂：《景印文渊阁四库全书》，第一二一一册，《集部》一五〇，台北：台湾商务印书馆股份有限公司，2008 年，第 379 页。

② 密昔吉（Misjid），阿拉伯语词音译，现在也写作“麦斯吉德”，意为叩拜之所。中国历史上曾称为礼堂、礼拜堂、真教寺等；明代以后，伊斯兰教被称为清真教，穆斯林的礼拜场所也因此被称为清真寺。

掌教哈的所”，在地方分别设置哈的司属，依回回法管理穆斯林的宗教事务及户婚、钱粮等词讼。元代，回回人已遍及全国城乡，因而伊斯兰教也就很自然地传播到全国。

第三节　回族的形成

东来的穆斯林为回回民族共同体的主要部分。除唐宋时期的穆斯林“蕃客”和元代东迁的“回回人”外，还有很多民族的成员逐渐融入回族，共同构成了今天回族的先民。在明代，一些信仰伊斯兰教的中亚人入附中原，他们后定居在中华大地的各个省份，也成为回族族源的一部分。此外，还有来中国而定居下来的东南亚的穆斯林，例如山东德州市北营村之回族温、安二姓：明永乐十五年（1417 年），苏禄国东王巴都噶·叭答剌率领庞大使团访华，却在归途中病逝于山东德州附近，永乐皇帝下旨按王礼将其厚葬。苏禄国留下王妃和东王次子温答剌、三子安都鲁等守墓，他们后来定居中国，并取温、安二姓。早期来到中国的穆斯林蕃客和东迁的回回人中都以男子居多，因此他们大多选择与本地女子通婚，加之有“既嫁从夫”观念的影响，使得这些女子随丈夫成为穆斯林，使得回回民族的人口得以增加。

另外，回回民族在形成的过程中还融合了蒙古人和维吾尔人的成分。元代，蒙古人从宗室贵族到所属军民，都有因接受伊斯兰教而日益融合到回回人中的。据《多桑蒙古史》记载，元世祖忽必烈之孙阿难答自幼被穆斯林抚养长大，因此笃信伊斯兰教并潜心研究《古兰经》、攻读阿拉伯文。至元十七年（1280 年）阿难答继安西王位之后，在其辖地及所部蒙古军民中传播伊斯兰教，“所部士卒十五万人，闻从

而信教者居其大半”。[①] 这样计算，阿难答的部下中约有八万人皈依了伊斯兰教，这在当时已相当可观了。此外，明代时蒙古瓦剌部中也有信仰伊斯兰教者，其中不少人归附中原后逐渐变为回回人。另据文献记载，明初哈密地区有三种人杂居：“一曰回回，一曰畏兀儿，一曰哈剌灰”[②]，其中“哈剌”在蒙古语和阿尔泰语系诸语族中均为“黑”或“黑色”之意，“灰”即“回”的译音。“哈喇灰”人原为蒙古人，明正德年间（1506～1521年），他们曾两次由哈密迁至肃州（即今甘肃酒泉），而且由于受到回回人的影响，到万历年间已逐渐“不食猪肉，与回回同俗”，后来也就融于回族之中。到了明代，维吾尔人已普遍信仰伊斯兰教。一些迁入内地的维吾尔人也多自称“回回”。[③] 15世纪30年代，明英宗先后将“归属回回”702人从肃州迁徙到浙江；明初哈勒·八十[④]在常德的驻军也是以维吾尔人为主，这些人后来都融于回族中，只有少数人能够通过历史文献考证出其族属来自维吾尔族。

此外，犹太教也有不食猪肉、行割礼、每日礼拜等习俗，因此在当时中国人眼中犹太人和回回人并没有被严格区分[⑤]，一部分来到中国

① ［瑞典］多桑著，冯承钧译：《多桑蒙古史（上）》，第三卷第六章，上海：上海书店出版社，2006年，第339页。

② （清）张廷玉等撰：《明史》，卷三百三十二，《西域一·哈密卫》，北京：中华书局，2008年，第8531页。

③ 白寿彝：《中国回回民族史》。北京：中华书局，2003年，第314～318页。

④ 哈勒·八十，即翦八士，为湖南常德维吾尔族中翦姓的开基祖先，他祖籍在今天的新疆，其祖先在元代时以武将身份东迁至中原。明初哈勒·八十因协助朱元璋开疆僻壤有功而被赐姓为“翦”，并改名为翦八士。见朱令名、李定仁：《湖南的维吾尔族》，新疆大学学报（哲学社会科学版）1984年第3期，第35～41页。

⑤ 关于犹太人也被称为“回回”的现象，可见杨志玖先生的论述：“同样，回回有时也和某色目人连在一起称呼。如‘术速蛮回回每，术忽回回每’（《元典章》卷157，《刑部》19，《禁宰杀·禁回回抹杀羊做速纳》；术，原误作木），这里的术忽指的是犹太人、犹太教徒，阿拉伯文作 yahūd（复数），波斯文作 Jahūdi 或 yahūdi。又如：‘阿速者，绿睛回回也’（《庚申外史》至十一年纪事）。”见杨志玖：《回回一词的起源与演变》，《回族研究》1992年第4期，第5～15页。

并留居下来的犹太人也被称为“蓝帽回回”或“青回回”[①]，其中一部分也逐渐融入回族中[②]。

回族的来源在时间上有先有后，不同民族成为回族族体的过程经过了相当长的时间。正是在伊斯兰教纽带的凝聚下，来自不同地区、不同民族的人民逐渐形成为一个新的民族，并适应中国的文化环境，遍布于华夏大地，形成了“大分散、小聚居”的分布特点。在经济上，回族建立了以农业为主的生产方式，同时兼营手工业、牧业，且以善于经商著名，这是回族形成和发展的物质条件。

共同的语言是民族文化中最重要的因素。最初多种来源的回回先民使用的语言亦多种多样，来自中亚的回回先民使用突厥语族的各种语言，来自西亚的回回先民使用波斯语和阿拉伯语，中国境内的回回先民则使用汉语或其他民族语言。随着社会经济的发展，加之民族交往通婚、杂居等因素，汉语逐渐成为这个新形成民族的通用语言。所以说，回族作为一个民族而逐渐形成的过程，也是确立汉语为该民族语言的过程。汉语是回回民族的共同语言，但日常生活中，回族用语中也混杂着一些来自阿拉伯语和波斯语的借词。这既反映了伊斯兰教的影响，也与回族族源的多元性有一定关系。

更为突出的是，随着回族的形成，回族的民族意识也开始形成了，即回族民众拥有了确认自己归属于回族这个共同体的“心理感觉”，这也是回族形成的重要标志，意味着回回人在中国不再是“化外”之人，而是已经成为中华民族的组成部分。值得重视的是，这种民族意识是建立

---

① 关于“蓝帽回回”的记录，例如，18世纪在河南安阳做传教士的法国人孟正气的记录：“他们（指开封犹太人——作者注）自称‘蓝帽回回’，以有别于‘白帽回回’的伊斯兰教徒。‘回回’是汉人对回教徒们的通称。事实上，他们在犹太教会堂内做礼拜时，就戴一种蓝色的圆帽”孟正气书信，见［法］荣振华等著，耿昇译：《中国犹太人》，郑州：大象出版社，2005年，第130页。

② 穆德全：《回族源考述》，载《河南大学学报》，1986年第1期，第42～47页。

在伊斯兰教信仰基础上的，所以历史上回族的民族意识常常伴随着浓厚的宗教色彩。伊斯兰教信仰构成回族民族意识中极为重要的部分，因此，宗教感情和民族感情常常很难区分。伊斯兰教不仅是一种宗教信仰，更是沟通回族成员之间社会关系的主要手段，与回族特殊的风俗文化息息相关。回族的民族意识包含以下几个方面：一是回族成员间相互的亲切感、亲近感，也就是人们常说的“回回见面三分亲”；二是回族的自觉感和民族自豪感，它是共同抵御外来侵侮和将本民族文化发扬光大的心理驱动力；三是民族内部的团结性，早在明代史书中就有关于回回“党护族类”、“行赍居送，千里不持粮”、“同类相遇则亲厚”、“自守其俗终不肯变”的记载，这些记载表现出回族强烈的认同意识。

以上特点是回族民族意识的外在表现，尽管这些特点在不同地区、不同人身上表现的程度不同，内涵也不尽一致，但作为民族共识基础的心理意识，却有着坚固的稳定性，而且历久不衰。以往的一些研究中为了证明回族的“特殊性”，多强调伊斯兰教在回族文化中的重要意义。但不可否认的事实是，随着社会的发展，无论是东南沿海回族对其阿拉伯祖先身份的强调，还是西北聚居区回族对伊斯兰文化的坚守，有一点是共通的：他们在心里都认为自己是回族。也就是说，民族存在的实际意义并不因为民族成员内部的认同差异及地域差异而被忽略。特别是随着社会的发展，民族的特征与其心理联系更加密切，外在的特征可能会淡化甚至消失，但心理的认同则十分重要。

从元代到明代，各种不同来源的人们形成一个新的族体——回族，伴随着回族的形成，具有本民族特点的回族文化扎根于中华大地，成为中华文化中的一个全新的类型：回族既不是华夏大地上土生土长的固有民族，又非纯粹的外来民族，而是将来自不同国度、不同民族的人民融于一体，在广袤的中华大地上繁衍生息，成为中华民族大家庭中不可分割的一个重要组成部分。

第二章

回族遍华夏

回族是中国居住格局最分散的少数民族之一，这一特点主要源于回族形成的特殊性。加之回族有经商的传统，商业活动中的贸易往来，加大了其人口的流动与迁徙。此外，清代以后发生了回族人民反抗清朝统治的斗争，在这个过程中导致的人口流失，以及斗争失败后的被迫迁徙等因素，使其分布越来越广泛，“遍华夏”的分布特点愈益明显。

第一节　“大分散、小聚居”的人口分布格局

回族遍及全国，但由于生活习俗、宗教信仰等方面的原因，居住在某一地区的回族通常喜欢聚族而居，在农村往往自成村落，在城镇则自成街道，以清真寺为中心，形成一个个大小不等的回族聚居村落或街区，并由此形成回族“大分散、小聚居”的居住模式。

一、回族人口的分布格局

回族人口在西北地区最为集中。根据 2010 年第六次全国人口普查数据，中国回族人口总数为 10 586 087 人。

表 2—1　宁、青、甘、陕、新五省区回族人口情况①　单位：人，%

	宁夏	青海	甘肃	陕西	新疆	合计
回族人口	2 173 820	834 298	1 258 641	138 716	983 015	5 388 490
占全国回族总人口的比例	20.53	7.88	11.89	1.31	9.29	50.90

从表 2—1 中数据可以看到，宁夏、青海、甘肃、陕西和新疆西北五个省区的回族人口占到全国回族人口的 50.90%。此外，回族人口较多的省区还有河南（957 964 人）、云南（698 265 人）、河北（570 170 人）、山东（535 679 人）等地。全国的其他各个省、自治区、直辖市也生活着一定数量的回族。祖国的宝岛台湾地区在明清时就有一部分福建等地的回民前去垦殖，而 1949 年后随国民党入台的居民中也有一些回族。

以上数字中可以看到，西北地区回族相对集中，但也只占回族人口总数的一半左右，另外一半则分布全国各地，进一步说明了回族“大分散”的居住格局。而所谓“小聚居”，可以追溯到唐宋时期的“蕃坊”。从历史上看，东南沿海地区是穆斯林最早登陆中国的地方之一。广州的“蕃坊”曾是有记载最早的回族先民聚居区之一，著名的怀圣寺早在唐代就建于此地。到了明成化年间（1447～1487 年），又有不少回回军士在广州驻扎，并陆续修建了壕畔、南胜、小东营三座清真寺，与怀圣寺一同构成广州回族社区的中心。与广州相似的还有福建的泉州，宋元时泉州港是海外贸易中的重要港口，来此经商的阿拉伯人、波斯人络绎不绝，清真寺最多时达到七座，现在唯一存留的只有涂门街的清净寺，时至民国清净寺周围尚有十余户回族居住，新中国成立后，随着城市建设的步伐，泉州城内的回族才逐渐散居到各处。元末明初，由于种种原因，泉州回回人受到排挤，逐渐从城中迁往周边地区，今天位于泉州城区以外的晋江市陈埭镇和惠安县百崎乡

① 国家统计局人口和就业统计司、国家民族事务委员会经济发展司编：《中国 2010 年人口普查分民族人口资料》，北京：民族出版社，2013 年，第 6 页。

还分别有丁、郭两姓回族聚族而居，号称“万人丁”和“九乡郭”，晋江、惠安回族人口分别为23 311人和17 050人[①]，分别占泉州回族人口的35.88%和26.24%，是泉州回族人口比重最大的两个地区。位于海南省三亚市的回辉村和回新村也是当地回族的聚居地，三亚市约有回族人口7 841人[②]，占海南全省回族人口的73.49%。宋元时已有越南占城的穆斯林因避战乱或台风从海路进入海南，他们是今天三亚回族先民的主体。时至今日，三亚回族已经形成了独特的海域回族文化，既区别于周围的汉族，又与中国其他地区的回族稍有不同。

东北地区的黑龙江、吉林、辽宁三省，也都分布有典型的回族聚居区域。明末清初，中原人口已经逐渐被迫或主动向东北地区迁移，最终形成了“闯关东”这样大规模的人口流动，其中来自山东、河北等地的回族来到东北后亦聚族而居。在吉林省，回族居住相对集中，人们便以“回回营”、“回回村”等来命名村屯、街巷，其中有些地方现在仅仅存留地名，已经没有回族居住，但有的至今仍然是回族聚居地。辽宁沈阳的“回回营”大约形成于清皇太极崇德五年（1640年），位置在城的西侧，并建有清真寺，当时已经是规模相当可观的回族聚居区了，新中国成立初期那里的回族居民已有两万多人。除主动迁移之外，也有一些清代时西北回民起义失败后被充军发配到东北地区的回族，例如今天吉林省的吉林市（旧称船厂）、黑龙江省的齐齐哈尔市等地还有少数属于哲合林耶门宦的回族居住。

牛街曾是北京市最大的回民聚居区，整条街呈南北走向，东西两侧在拆迁改造以前有大小几十条胡同，居住着数以万计的回族居民。牛街的伊斯兰教历史悠久，据礼拜寺中碑刻《古教西来历代建寺源流

---

① 国家统计局人口和就业统计司、国家民族事务委员会经济发展司编：《中国2010年人口普查分民族人口资料》，北京：民族出版社，2013年，第1007页。

② 国家统计局人口和就业统计司、国家民族事务委员会经济发展司编：《中国2010年人口普查分民族人口资料》，北京：民族出版社，2013年，第1026页。

碑文总序略》记载：北宋时就已有西来的筛海在牛街创建礼拜寺，南宋时又有艾罕默德和尔麻顿的尼两位筛海到此行教，“先后继逝，因葬与寺基之内”。[①] 据清雍正年修的关于牛街历史的《岗志》记载：“明，宣武门之西南，地势高耸，居教人（回民）数十家，称曰岗儿上。居民多屠贩之流。”[②] 现今，礼拜寺依然屹立在牛街地区，这也使牛街这一实体型社区在城市化进程中逐渐转变成精神型社区，礼拜寺不再仅仅服务于牛街及其附近的回族，而是成为整个北京市的穆斯林居民的礼拜场所，开斋节和古尔邦节的会礼时这里会挤满来自四面八方的穆斯林，甚至还有来自外国的穆斯林，因此礼拜寺的院落一再扩建，以满足日益增长的需求。可以说，城市化过程改变了传统的回族聚居社区，但也使其更具开放性和共享性。

北京牛街礼拜寺望月楼　（杜雪琼摄）

---

① 余振贵、雷晓静主编：《中国回族金石录》，银川：宁夏人民出版社，2001 年，第 6～8 页。

② （清）佚名：《岗志·小引》。见吴海鹰主编：《回族典藏全书》，第 102 册，兰州：甘肃文化出版社，银川：宁夏人民出版社，2008 年，第 155 页。

此外，北京的常营、宁夏银川的纳家户、云南的纳家营和沙甸、呼和浩特的回民区等，也是以厚重的文化底蕴、别具特色的民族风情而闻名的回族聚居社区。事实上回族不仅在全国范围呈“大分散、小聚居”的居住格局，即使在一个地方也是，比如北京有近25万回族，大多数人分布在北京各个区域，但在牛街、马甸等也形成相对聚居的回族社区。也就是说，这种“大分散、小聚居”的居住格局，既是回族在全国范围所呈现的分布特点，也是地方性回族居住模式的真实写照。

二、回族人口的历史变迁

尽管回族先民早在唐宋时就来到中国，但由于一来他们还属于侨民身份，二来当时并没有现代意义的人口普查数据，关于当时具体有多少穆斯林蕃客留居中国，说法不一，而且往往是估算的数据或者区域性的数据。如《旧唐书·李勉传》间接记载，唐大历四年（769年），由于广州刺史李勉“性廉洁”，致使舶来的商船达到“四十余”。① 当然这样的数据还非常模糊，而且并没有统计这些客商中多少人最后在中国留居了下来。此外，这一时期的数据也没有对蕃客进一步区分，如有资料引用了当时两位阿拉伯人对黄巢起义军屠杀广州穆斯林、犹太教徒、基督教徒、拜火教徒四类蕃客的数据，一位估计是12万，另一位则说是20万，两者存在很大出入；而且虽然前者是以纳人头税的数目做出的判断，但仍然没有区分出其中回族先民的具体人口。②

相对唐宋而言，元明时期人口数据相对更有依据性，因为此时在户籍资料上已经有了对“回回户”的统计。如元中统四年（1263年），

---

① （后晋）刘昫等撰：《旧唐书》，卷一百三十一，《李勉传》，北京：中华书局，2008年，第3635页。

② 邱树森主编：《中国回族史》，银川：宁夏人民出版社，1996年，第18页。

元中都有回回户 2 953 户[①]；再如《元史》记载，至元二十六年（1289 年），居住在汴梁的“回回户、昔宝赤百八十六户”[②]。但这样的数据依然很难给人以准确的数目，每户中人口多寡不一，当时的回回人口数还是需要推算。

到了清代和民国时期，人口统计数据逐渐明晰。但由于清代西北、西南回族起义等原因，回族人口波动很大。以陕西为例，清初时陕西回族人口约有 80 多万，经过 200 多年的时间增长到 170 万左右。清同治年间的陕西回民起义后，陕西回族人口减少到 15 万左右，其中还有大部分迁徙逃散，省内幸存回族不足 5 万。[③] 但是清代的人口数据仍然缺乏全国性的统计，所见官方记录也往往牵涉到朝廷“平叛”的武功，因此往往有夸大之嫌。到了民国，开始出现全国性的人口数据，如民国三十五年（1946 年）的《中国地理概况》中已有全国回族人口约 260 万人的记录，这个数据已经可以和 1953 年新中国第一次人口调查的回族人口数据（约 353 万）相印证（见表 2—2）。[④]

表 2—2　例次人口普查中全国人口、回族人口情况[⑤]　单位：人，%

	1953 年	1964 年	1982 年	1990 年	2000 年	2010 年
全国人口	577 856 141	691 220 104	1 003 913 927	1 130 510 638	1 242 612 226	1 332 810 869
回族人口	3 530 498	4 473 147	7 228 398	8 612 001	9 816 805	10 586 087
回族人口较上次普查增长率	—	26.70	61.60	19.14	13.99	7.84

---

① （元）王恽：《秋涧集》，卷八十八，《为在都回回户不纳差税事状》。见（清）纪昀编纂：《景印文渊阁四库全书》，第一二〇一册，《集部》一四〇，台北：台湾商务印书馆股份有限公司，2008 年，第 266 页。

② （明）宋濂等撰：《元史》，卷十五，《世祖十二》，北京：中华书局，2008 年，第 327 页。

③ 路伟东：《清代陕西回族的人口变动》，载《回族研究》，2003 年第 4 期，第 71～77 页。

④ 韩永静：《历史上回族人口迁移与数量变动》，载《宁夏社会科学》，2010 年第 1 期，第 85～88 页。

⑤ 国家统计局人口和就业统计司、国家民族事务委员会经济发展司编：《中国 2010 年人口普查分民族人口资料》，北京：民族出版社，2013 年，第 1～2 页。

从 1953 年到 2010 年，全国人口从 577 856 141 增长到1 332 810 869，增长率为 136.65%。而同时段内回族人口的增长率为 199.85%，远高于全国平均水平。当然，不同省区、不同时间内回族的增长是不平衡的，如 1982～1990 年间，福建回族人口增长率高达 196.14%，大概是同时期全国回族人口增长率（19.14%）的 10 倍多，这并不是自然增殖的结果，而与 1980 年前后泉州等地有不少回族重新申报民族成分有关；与福建相邻的广东省回族人口却因行政区划的变动（1988 年海南从广东划出建省）呈负增长；而回族历来世居的宁夏、新疆、青海、贵州和云南五个省区人口则呈稳定增长的态势。①

以 1953 年第一次全国人口普查为基点，回族人口其后每次普查较前一次的增长率分别为 26.70%、61.60%、19.14%、13.99% 和 7.84%，考虑到第二、第三次普查间相差长达 18 年的因素，可以知道回族人口虽然相对于新中国成立初期增加了近两倍，但目前增速是逐渐放缓的。

在 2010 年第六次全国人口普查数据中，回族男性人口为 5 373 741 人，女性人口为 5 212 346 人，两性比例基本平衡。

第二节 迁移与流动

回族的形成与移民相关，如果没有来自阿拉伯、波斯和中亚等地的回族先民因为种种原因迁移到中国，也就不会有现在广布于中华大地上的回回民族了。在回族形成的过程中，贩运经商也是一种常见的谋生手段，既促成了各民族之间物资的交往，也为回回民族的广泛分布提供了条件。从长时段的观点来看，唐宋的蕃客和元代的回回人最

① 武锋、万莉莉：《1982－2005 年间回族人口分布变动研究》，载《西北人口》，2009 年第 5 期，第 73～76 页。

初居住的都是像广州、泉州、杭州这样的港口城市或长安、开封、大都这样的政治经济中心城市，而后随着具有军籍的回回人就地入户，回族的聚居区域就扩展到农村。

也许正是由于迁徙与流动是促成回族形成及发展的重要因素，所以在各种天灾人祸面前，回族人并不固执死守，而是选择用迁移的方式寻找新的生计，“闯关东”、“走西口”和“下南洋”这三次中国近代史上最大的人口迁移中都有回族人的身影，也使回族人的足迹踏入了中国的北方边陲和海外东南亚诸国。

当然，历史上回族人口的迁徙与流动，也饱含着伤痛与无奈。如清代，西北、西南爆发过多次以反封建、反压迫为目的的回民起义，但均在清政府的剿杀下失败。其后，负责“平乱”的陕甘总督、钦差大臣左宗棠认为，起义的基础在于回族人口众多且居住集中，于是对战后回族中幸存者采取使其“不复归故土”的善后政策，强迫宁夏固原回族数千人迁徙到甘肃平凉大岔沟，宁夏金积堡回族一万多人迁至甘肃的平凉、会宁、静宁、安宁（今定西）等地，青海西宁回族两万多人迁至甘肃平凉、秦安、清水等地，这些被迫迁人的地区大多自然条件不佳而且有利于官府控制，同时颁布了一系列限制、监视回族的政策。这属于一次在政权力量胁迫下进行的大规模迁徙、移民行为。

此外，陕西回族起义的领导者之一白彦虎在起义失败后，撤退到新疆境内，会同从甘肃撤退到这里的回族起义将士，分三批进入当时沙俄境内的中亚地区。根据当地政府的统计数字，这次迁徙到中亚的回族共有 6 209 人，还有相当数量的人口折损在寒冷、艰难的路途上。这批回族在当地租种土地、建立房舍、辛苦劳作，并定居下来，他们的后裔成为今天吉尔吉斯斯坦、哈萨克斯坦及乌兹别克斯坦等国境内的东干人，现在约有 12 万人，在语言、服饰等方面还保持着中国回族文化的特色，并创造了用斯拉夫字母拼写中国西北陕甘方言的东干文。

与东干人相似的还有生活在今天缅甸境内的潘泰人，他们是历史上进入缅甸的云南回族后裔。从元代以来，就有大量回回人定居云南，并逐渐形成通往缅甸等东南亚地区的马帮商路，其中一些回族商客留居在境外。另外，1872 年杜文秀在大理发动的云南回族起义失败后，大批回族因官军的清剿沦为难民，辗转流入缅甸，获得缅甸国籍，共同组成了今天缅甸的潘泰人。[①] 目前他们被缅甸政府视为“归化公民”，根据 1993 年缅甸国情调查的统计，潘泰人总人口数为 2 965 人，但其中并不包括由于顾虑政府对归化公民的限制而仍然登记自己为“中国人”的云南籍回族人，粗略估计潘泰人的实际人口约 1 万左右。[②]

此外，还有一些散居在沙特阿拉伯、马来西亚等国的中国回族后裔。其实早在明代初年，云南籍回族人郑和长达 28 年的“下西洋”外交过程中，就在东南亚各国留下了足迹，许多地名都取自郑和的别名“三宝”，如马来西亚马六甲的“三宝山”和“三宝井”、印度尼西亚的三宝垅市以及菲律宾的三保颜市等。这也从一个侧面说明在一系列与东南亚有关的商业和移民中都有中国回族的身影。到了近代，陆续涌现出马来西亚华裔作家马天英、泰国华裔慈善家郑崇林等海外回族代表人物。[③]

相对于大规模、长时间的迁移外，一些小群体、短暂的人口流动就更加常见了，尤其是一些贩运、经商活动。回族勇敢刚毅、不畏艰险，历史上他们在长途运输和经商活动中大显身手，凭借当时简单的交通工具走遍中国的大江南北。新中国成立以前，张家口、内蒙古等

---

① ［英］安德鲁·D. W. 福布斯撰、姚继德译：《缅甸的滇籍穆斯林——潘泰人》，载《回族研究》1992 年第 3 期，第 71～76 页。

② ［日］吉松久美子撰、涂华忠译：《云南回族入缅商路与移居点考——以 19 世纪末至 20 世纪初为中心》，载《回族研究》2008 年第 2 期，第 10～18 页。

③ 刘宝军：《浅谈研究海外回族和华人穆斯林社会的意义》，载《中国穆斯林》2007 年第 6 期，第 13～15 页。

地的回族善于驯养骆驼，他们的商运驼队不仅在邻近市镇往返，还前往宁夏、甘肃、新疆和库伦（即今蒙古国乌兰巴托）之间的“丝茶驼路”上，这条商道是在明万历以后形成的，沿途要经过大片荒漠，行进三四天都可能找不到水。每个驼队基本上一年只能走一次新疆，秋天从今天的张家口或呼和浩特出发，农历十二月抵新疆古城子（即今奇台县），有的还要送到伊犁等地。到目的地后，需要让骆驼休整一段时间，等有了膘情再满载着新疆的土特产踏上返回华北的旅途。有时途中还要对付土匪的拦劫，甚至还有人无辜死在土匪的刀枪下。尽管如此，回族拉驼工仍然一辈辈延续下来，用坚定的脚步沟通着华北和西北的联系，一直到铁路、飞机等现代化交通工具出现，这种用骆驼长途贩运的活动才渐渐消失。

历史上还有一些地区的回族曾以马帮为重要的商业手段。据史料记载，云南回族在崇山峻岭不利商业交往的地理环境下驱赶骡马驮运货物，借助毗邻东南亚的地缘优势，开辟了“走夷方”渠道，并进一步开通和扩大了“西南丝绸之路”。尤其在清咸丰、同治年间云南回族大起义（1856～1873 年）后，滇西、滇南回族将马帮运输的重点转向国外，他们在烟瘴弥漫、荆棘丛生的山间小道上跋涉，将中国土特产驮运到缅甸等地，又运回海盐及当地土特产品到中国。驼队和马帮贸易不仅繁荣了经济，对中外经济文化交流亦起到较大的促进作用。

西北黄河沿岸一种重要的交通工具便是羊、牛皮筏子，而当地的回族以操作和使用这种运输工具而著称于世。1936 年 4 月，著名记者范长江从兰州顺黄河赴宁夏中卫，他搭乘的便是牛皮筏子，他在《中国的西北角》一书中记录：“操纵皮筏之苦力，十之九为甘肃河州之回民。”[1] 羊、牛皮筏是非常古老的水上运输工具。黄河沿岸的居民把若干用整张牛羊皮制成的革囊捆绑在一起，架上若干木椽，就制成“皮

---

① 范长江：《中国的西北角》，北京：新华出版社，1980 年，第 167 页。

筏”，它具有吃水浅、不怕搁浅、不怕触礁、操作方便、运行成本低等优点。其中最小的皮筏也由十余只羊皮囊组成，可载四五百千克；最大者由上百个皮囊组成，可载20吨货，用于长途运输。回族由于可以更便利地得到皮筏子的制作材料牛羊皮，加之具有不怕吃苦、敢于远行的传统，因而成为西北黄河两岸皮筏子的主要制作者和运营者。到20世纪30年代，大型羊皮筏的载重量已高达30吨，航程可由青海贵德县直达内蒙古托克托县。甘肃、青海、宁夏的大宗出口物资，如药材、烟草、皮毛、粮食等，大多由皮筏运至包头转口。新中国成立后，皮筏仍发挥着作用。包兰铁路未通车以前，宁夏煤炭基地石嘴山的一些大型机器设备靠陆路运输是不可能的，用皮筏经黄河从兰州运来解决了这一问题。直到20世纪60年代，黄河上游陆续筑起大坝，长途运货的皮筏才逐渐消失，但渡河用的皮筏却被保留下来。在运输方式发达的今天，这种传统但充满智慧的交通工具成为一种旅游产品获得了新的价值。

黄河河畔的羊皮筏　（张奋泉摄）

改革开放以后，经济的发展为擅长经商的回族提供了前所未有的机遇，在各行各业的流动大军中都有回族的身影，遍及全国的清真饮食业更彰显了回族传统行业在新形势下的机遇与发展。浙江省义乌市的回族户籍人口并不多，但其小商品集散地的区位优势吸引了来自全国各地的务工者，特别是大量来自西北地区的回族，他们利用自己的文化优势，在与埃及、巴基斯坦、土耳其、伊朗、苏丹、也门、黎巴嫩等穆斯林国家的商业、文化交往中发挥着重要作用。

商业活动促进了回族社会的流动与开放，而朝觐，则是回族为信仰而追求的一种“远行”。按照伊斯兰教的规定，每个身体健康、有经济能力的穆斯林，一生中至少应去阿拉伯半岛的圣地麦加朝觐一次。在回族心目中，朝觐一方面是完成宗教功课，可以锻炼自己的意志；另一方面也是一次难能可贵的长途旅行，目睹伊斯兰世界的景观，使儿时就获得的宗教知识和神话传闻得到实在的印证。完成朝觐圣地的人可以获得“哈只”的称号，这是一个非常令人羡慕和尊重的荣誉。

中国和阿拉伯之间的距离遥远而充满艰险，仅从地图上看，中国最西部和麦加之间的距离就超过五千千米，其间还有沙漠横亘、山水阻隔。如果取道东南沿海坐船，航线更超过上万公里。在清代，从陆地赴麦加朝觐，来回一次要用三年时间。但明清时期回族朝觐者通常走天山北路途程，即由嘉峪关至哈密、吐鲁番、阿克苏、喀什、安集延、塔什干，到布哈拉。然后分成两条支线：一条从德黑兰、哈马丹、巴格达、摩苏尔、加济安特普、大马士革、耶路撒冷抵开罗，然后乘船越红海达沙特阿拉伯的吉达港上岸；另一条是由布哈拉到喀布尔、坎大哈、皮申抵卡拉奇，再乘船越印度洋，直达吉达港。走海路也有两条途径：一条是穿越缅甸，坐船至孟加拉，换大船依次抵加尔各答、斯里兰卡、马累群岛、亚丁、荷台达，然后到吉达港；另一条是从广州等地上船，经新加坡、马六甲，然后抵达今天巴基斯坦的卡拉奇，

余下路线和前面途径基本相似。由于路途遥远，交通不便，历史上能够前往麦加朝觐者并不多，但朝觐活动对于文化交流特别是回族伊斯兰教的发展有重要意义。明代著名的航海家、回族郑和曾七次奉命出使“西洋”，随郑和同行的马欢、费信、巩珍还分别写了《瀛涯胜览》、《星槎胜览》、《西洋番国志》三部地理著作，为后人留下了宝贵的航海资料。作为一名回族，郑和在远航的过程中也实现了朝觐的心愿，这在《瀛涯胜览》一书中有所记述。此外，郑和的父亲和祖父都被尊称为“哈只”，显然他们都曾完成朝觐；清代道光二十一年（1841 年）冬，回族学者马德新从缅甸出海朝觐，七年后归国。他带回大批伊斯兰教文献，并在日后陆续译出。他所撰写的《朝觐途记》一书，更是给后人留下了丰富的资料。

如今，随着社会的发展，国际间的交往日益增多，世界穆斯林之间的往来也更加频繁。交通的发达，拉近了各国的距离，而今天回族穆斯林的朝觐活动由中国伊斯兰教协会负责组织与协调，乘坐专门的包机从北京、兰州、西安等地出发，到达沙特阿拉伯的吉达国际机场所用的时间只需要一天左右。所以，越来越多的回族穆斯林登上了朝觐的航程。每逢朝觐季节，凡是在回族聚居的地区，都可以看到送迎“哈只”的盛大场面。

第三节　与地缘相一致的经济生活

回族的经济生活方式多种多样，这与回族分散在全国各地的人口格局是分不开的。中国幅员辽阔，回族生活的区域既有南方炎热、湿润的海岸地带，也有北方少雨、干旱的草原；既有适于耕种的平原、平坝和盆地，又有耕地稀少的山地、高原；既有四通八达的繁华集镇、港口，也有人烟稀少的边远山区。因此，西北甘、宁、青地区的回族

和新疆、内蒙古的回族都可以兼营农业和畜牧业；地处中原河北、河南、山东的回族具有农耕的优势，但因为具有商业传统也从事一些商品经营；而对于海南三亚的回族，驾船出海打鱼就成了安身立命的主要生计方式。还有不少地区的回族因地制宜地从事林业、手工业、服务业，原来被认为是“小本生意”的食品加工业也得到了发展，出现了许多大规模的企业，而结束了“回族两把刀，一把卖牛肉，一把卖切糕”的情况。

不同于其他相对聚居的少数民族，回族很难被笼统描述为农耕民族或游牧民族，也不能简单地定义为商业民族。可以说，正是多样的生活地域和生态环境塑造了回族生计类型的多样性。

一、农业

回族形成于重视“社稷”的中国大地，所以农业是回族的主要经济方式。回族形成于中国封建社会，所以回族农业起点较高，一开始就使用先进的工具和耕种方式，发展也相对较快。然而回族形成较晚，几乎在各地都是“后来者”，在他们到来以前，很多肥沃的土地早已有了归属，加之清代回族起义后朝廷将不少回族迁徙、安置在贫瘠的土地上，所以许多土地都是从恶劣的自然环境中一点一滴、一辈一辈地开垦出来的。同时各种兼营的生计方式也可以弥补农业生产的不足。

二、畜牧业

“汉民有钱盖房，回民有钱养羊”，这是回族中的一句民谚，体现出回族对畜牧业的重视。宋代朱彧《萍洲可谈》中记载，当时广州的回族先民“非手刃六畜则不食”[①]，可见今天回族对羊、牛、骆驼、鸡、

① （宋）朱彧撰，李伟国校点：《萍州可谈》，上海：上海古籍出版社，2012年，第30页。

鸭等畜禽的养殖，首先还是由于历史上方便获得符合伊斯兰教法规定的清真食物所形成的传统，并逐渐形成了颇具特色的屠宰业、食品加工业以及毛皮加工、贩运生意等，也在以农耕为主的汉人社会中填补了一些与畜牧相关产业的真空地带。

临夏牛羊市场　（敏昶提供）

此外，马、驴、骡等可供骑乘的动物也是回族畜牧业中的常见的牲畜。而饲养骆驼则是一种比较有特色的传统养殖业习俗。马帮和驼队历史上也成为回族商业的重要内容。

三、手工业

回族经营手工业生产有悠久历史。蒙古大军西征过程中，许多中亚、西亚穆斯林工匠被带到中国，被编入元朝政府及诸王贵族所属的官手工业局，从事建筑、纺织、武器、皮革、制毡、金银器皿及酿造等业的劳作，也有的作为权贵私属人口提供专门服务。从现有的资料

来看，元代的回回工匠主要为军队和官府服务，不进行独立的生产，也不出卖武器成品。但回族先民的职业性质，却为后来回族有一定数量的人口从事手工业生产的局面奠定了基础。经过明、清两代的发展，回族形成了一些传统的手工业生产方式。

1. 皮毛、皮革加工业

这是伴随着以农为主、兼营畜牧或半农半牧的生产方式而兴起的行业，包括毛皮加工、皮衣缝制、毛线纺织、皮货原料的熟制等，早在清代就形成了宁夏西海固、同心、吴忠，甘肃临夏、张家川，陕西王阁村，河南孟县，山东济宁等毛皮业的中心。

回族地毯厂　（敏昶提供）

现今，不少回族聚居地区依靠皮毛、皮革加工实现了经济飞跃，河南的桑坡村就是其中一例。桑坡村位于河南省孟州市城东约 8 千米处，处在焦作、洛阳和郑州三市的交界处，省内公路运输较为便利，但人均耕地面积不到两分，农业产值可以被村财政忽略不计。早在清代，桑坡村已成为国内外有名的皮毛集散地之一。清朝光绪年间

(1875～1908 年)，每四人才均得一亩耕地，但人们通过皮毛加工、贩卖或在皮行打工，兼之于耕作，仍能过上不错的生活。清末民初(1990～1915 年)时桑坡有 32 个皮毛作坊或商行，其中著名的有丁有贵兄弟四人的“全兴和”，丁长江的“义顺和”，白恒芳的“兴盛兰”和“兴盛玉”，丁荣昌在汉口开设的“鸿昌”、“恒昌”皮货店，马兰田在洛阳开办的“隆昌”等，产品甚至远销英国和美国等地。但民国时期的战乱和自然灾害几乎摧毁了桑坡的经济支柱。1978 年国家进行的经济体制改革，对桑坡村而言，意味着私人可以公开地从事皮毛加工业，可以在皮毛交易市场上创造财富。到 1981 年，全村 622 户家庭，几乎家家熟皮。随着改革的不断深入，桑坡村调整产业结构，以传统产业皮毛加工业为基础拉开了经济现代化的大幕。20 世纪末桑坡村提出了“工厂上路”的发展战略，即把家庭作坊式的工厂搬迁到村北新修的公路两旁，建立现代化的工厂，自此走上经济快速发展的道路。2004 年皮毛加工业总产值 12 亿元，产品国内远销温州、广州和成都等地，国外销往美国、日本、俄罗斯、韩国、瑞典等 19 个国家和地区，原料也主要来自澳大利亚和阿联酋等国家。

阿拉伯文景泰蓝花瓶　（杨兴斌摄）

2. 制瓷业

回族制瓷业的发展与伊斯兰教对回族文化与审美的影响有关。

伊斯兰教的基本信仰就是“认主独一”，不主张偶像崇拜，

因此不推崇带有人或动物等形象的装饰图案，所以要求使用的器具上尽量避免这些图案，而是改用几何图形、花草和阿拉伯文字作为装饰。通常认为，中国传统的青花瓷，即融入了元代西域工匠的审美与工艺。

可以说，回族制瓷业更多表现为民族群体内部性质的产业，其消费对象也以回族为主。元代至今，凡有回族聚居的县、市、镇，一般都有回族办的瓷窑。随着时代的发展，这种带有阿拉伯文字，而没有形象出现的瓷器也成为一种具有回族特色的装饰品。如在传统的北京回族家庭中，进门正面的案桌上摆有饰有阿拉伯文字的“炉瓶三设”，包括用来焚香的香炉、内插有香筷和香铲的香瓶以及用来盛放香料的香盒。这是一组中国传统的装饰物，并非回族独有，但一般回族家庭摆放的瓷质炉瓶三设都带有阿拉伯文字的装饰，这就具有了民族特征。有《古兰经》的家庭，则在两旁放经盒，前边绝不能放杂物，经盒两侧放瓷帽筒、尊罐、掸瓶、瓷盘等物，往往也带有阿拉伯文字的装饰。

阿拉伯文珐琅炉瓶三设　（杨兴斌摄）

3. 制药业

这是和回族的医药学密切联系的传统行业。回族先民不但将来自波斯、阿拉伯的药物贩运到中国，而且还带来了西亚、中亚古老的医术和方剂，并在中国社会产生了一定的知名度。元代专门设有回回药物院，回回药物的影响力一直持续到明代，清代出现不少私立的回回药铺，民间也保持了一些老字号，如北京的“王回回膏药”和“马思远药锭”均始于明代，传至民国声誉不减。

民国时期，各地仍有不少疗效极佳的药品都以“回回制造”为卖点。天津的刘德恒（1873～1941 年）、河北宣化的王弼臣、河北定县的白云升都是当时著名的医师。在药物方面，则有河北回民马歧山的“马应龙”眼药、白泽民的“白敬宇”眼药等老字号的畅销产品。

四、商业与工业

相对于农业、畜牧业和手工业，商业可算是回族从事的较有特色的产业。这一方面与中华文化中重农抑商和安土重迁的大传统形成鲜明对比，另一方面伊斯兰教传统也对回族的商业行为具有深远的影响。获利是经商的目的，但不是唯一的目的。回族讲究“两世吉庆”，因此具备一定的商业道德，公平和互惠互利是其中的根本原则。《古兰经》要求人们做公平交易：“你们当用充足的斗和公平的秤。”① 其次还有节约，“挥霍者确是恶魔的朋友，恶魔原是辜负主恩的”②，这是《古兰经》中对人们的劝诫。另外，经商还具有其文化意义，比如临潭的回商充当着当地汉族与藏族之间贸易的“中间人”角色，在商业行为的

① 《古兰经》第六章 152 节。本书中《古兰经》译文均出自马坚先生的译本（中国社会科学出版社，1981 年 6 月）。

② 《古兰经》第十七章 27 节。

同时也在族际互动中构建着属于自己的认同观念。①

可以说，经商是回族是对其先民经商传统的一种延续。唐宋时的穆斯林蕃客和部分元代的回回人抱着商业目的来到中国；明清两代回族已经形成了以农耕为主的生计方式，但同时商业也以小规模、民间化的姿态出现在回族生活中。及至近代，集约式工业化生产遍及中国大地，不少回族商人紧跟时代脉搏，抓住机遇，开创了不少大型企业。

鸦片战争以后，由于帝国主义掠夺原料和倾销商品的加剧，导致中国农村自然经济的基础遭到进一步破坏，但也促成中国民族资本主义经济的初步形成。在这种背景下，回族中部分商人、少数经济地位上升的农民、小商小贩、手工业者和某些地主士绅，将其商业资本、长期经营积累的钱财投资于近代工业，创建了一批新式工厂。清代咸同年间，南京回民蒋翰臣与人合资开办了金陵“春生鉴号”，经营绸缎业。辛亥革命时期，“春生鉴号”传人蒋家俭在“实业救国”思潮影响下，将商业资本投资于苏州苏纶纱厂、苏州丝厂、南通大生纱厂和安徽芜湖裕中纱厂，开回族经营纺织业之先河。云南河西回民马汉波等四兄弟，通过肩挑及赶马帮到缅甸经商积累了资金，并在昆明、思茅(今普洱市)、墨江等地开办商号，分别经销皮革、百货和生产酱油等副食品。以后他们又用经商所得资金在昆明开设明德织布厂，从四川运来织布机50台，进行资本主义性质的工业生产。此外，还有回族工商业者马辅臣于甘肃临夏西堡子村创办的民生火柴厂、邵阳北江陇回民合伙创办的“同生利”制糖手工作坊、上海回民集资创办的春申食品有限公司、云南回民白耀明成立的“思普区茶叶试验场”、天津回民穆成波于北营门福泉里创办盛立合桅灯厂等。总之，民国时期回族所经营的近代新式工业已遍及纺织、化工、面粉、电力、火柴、制茶、

---

① 敏俊卿：《中间人：流动与交换——临潭回商群体研究》，北京：中央民族大学出版社，2011年。

食品、制革、机械、采矿等轻重工业诸多门类，其规模大多属于中小企业，创办者多数属于民族资产阶级范畴。

新中国的成立，标志着回族的商业进入了一个全新的发展时期，特别是改革开放以来，明确提出党和国家工作的重点和全国人民的注意力转移到社会主义现代化建设上来，这是新中国历史上具有深远意义的伟大转折。清真奶制品系列是改革开放以来发展起来的回族清真食品新种类，各地回族及时把握城乡人民生活水平不断提高的社会消费信息，操起养殖行业，学习当代科学养殖技术，纷纷养奶牛、卖鲜奶，并向奶系列产品发展。西北回族还积极发挥自身的优势，开展与阿拉伯、伊斯兰国家的友好交往，努力在商贸经济方面增进合作，为中国发展对外经济牵线搭桥。1985 年 9 月，宁夏伊斯兰国际经济技术合作洽谈会在银川隆重召开，来自 12 个国家和地区的穆斯林经济界人士、驻华外交官和国内来宾共 5600 多人出席了开幕式。2010 年以来，宁夏每年还举办一次中阿国际论坛及中国—阿拉伯国家博览会，为中国和阿拉伯国家的商贸合作提供平台。在市场经济的浪潮中，回族群众积累了经验，开始起步向现代经济的纵深方向发展。例如，福建晋江陈埭镇的七个回族村，在 1984 年成为全省第一个“亿元镇”后，主动到菲律宾、中国香港特别行政区探亲考察，动员宗亲回乡投资，先后请来技术人才百余人，并积极引进技术，创办中外合资企业和独资企业，建立起乡镇企业 300 多家，形成了制鞋、塑料、服装、五金、服务五大行业群体，生产品种 1000 多个，产品远销国外 10 多个国家和地区，被称为“晋江现象”。

在改革开放的大潮中，回族紧紧抓住了历史机遇，为实现现代化而努力拼搏。灿烂若群星的回族企业和企业家脱颖而出，有力地推动了回族社会乃至全国的经济发展与进步。回族的商业行为来自其先民的传统，但并不永远停留为一种传统，而是随着时代而产生新的变化，

从自给自足、小本经营的食品加工小作坊和流动摊位，到大规模、国际化的食品加工企业；从驼扛马背的艰辛跋涉，到体系化的现代物流；从开设民族内部满足自身文化需求的小型瓷窑，到参与国家间、地区间合作互动的全球化大市场，回族在中国现代化发展的浪潮中实现了时代性的跨越。

第三章

求知，从摇篮到坟墓

“求知，从摇篮到坟墓”，这是伊斯兰教先知穆罕默德的一句名言。这句话告诉人们，人的一生，就是不断学习、不断增长和追求知识的过程。回族一方面继承了来自伊斯兰文化的优秀知识遗产，另一方面伊斯兰教倡导教育、推崇知识的理念是其文化发展的内在推动因素。在近千年的发展历程中，回族人民在教育、文学、艺术与科技领域取得了辉煌的成就，也为中华文化的发展贡献了力量。

第一节　从“蕃学”到“经堂教育”

回族使用汉语、汉字，但在日常生活和宗教仪式中还保留和使用着一些阿拉伯语、波斯语词汇，回族文化是中华文化与伊斯兰文化的完美结合——以上特色的形成，与回族教育有密切关系。

一、蕃学与“读书入仕”

回族的先民早在唐、宋时期就来到中国，作为当时的东方大国，中国以其磅礴的气魄和广阔的胸怀接纳了这些远方的来客。为了适应新的环境，回族先民很重视对中国文化的学习；唐、宋政府出于增加贸易往来的目的，也愿意让他们了解本国的文化，特别是希望他们学会中国的语言。在广州、泉州等城市中最早的穆斯林聚居区，就出现了专门为“蕃客”设立的“蕃学”，儒学、汉语是其教学内容中非常重要的部分，而穆斯林方面则是“诸蕃子弟，皆愿入学”①。而且，受中国文化熏陶日深的“蕃客”还有“或取科第”者，如唐代大食国人李彦升考中进士；五代时西蜀有土生波斯人李珣，当时文人评价他“少小苦心，屡称宾贡，所吟诗句往往动人”②。这都说明中国文化教育为回族先民融入中国社会起到一定的作用。

元代，回回人已逐步在中国定居。为了能够落地生根，就必须学习和接受中国传统文化，首先是汉语和儒学，因为这两项都是进入仕途的工具。回回人中的上层为了维护他们的既得利益，或入私塾，或追随名学者参加“书院”学习，有特权的“世宦子孙”和“阀阅子弟”还被允许和蒙、汉上层子弟同在国子监中学习。至元二十三年（1286年）元朝政府创造了一种极为普及的教育形式——社学，“诸县所属村疃，五十家为一社……每社立学校，择通晓经书者为学师，农隙使子弟入学。如学文有成者，申覆官司照验”③。当时回回人遍及全国，也经历了“编民入社”的过程，一定会参加这种“社学”的学习。

除此之外，元朝实行民族分等制度。在科举考试时，蒙古人同色目人为一榜，而汉人、南人为另一榜，两榜的内容不同，“蒙古色目人

---

① （宋）龚明之撰，孙菊园校点：《中吴纪闻》，卷三，《程光禄》，上海：上海古籍出版社，1986年，第55页。

② （五代）何光远撰，邓星亮、邬宗玲、杨梅校注：《鉴诫录》，卷四，《斥乱常》，成都：巴蜀书社，2010年，第93页。

③ 柯劭忞：《新元史（元史二种上）》，卷六十九，《食货·田制农政》，上海：上海古籍出版社，2012年，第342页。

愿试汉人、南人科目，中选者加一等注授”①。随着元朝统治的巩固，回回人科举入仕者越来越多。

有元一代，回回人不仅参加科举考试，还有的做了学官，主持学政，如：买闾，元代诗人，敕授嘉兴教谕；伯颜子中，建昌教授；不忽木，国子祭酒，翰林学士。除接受儒学教育外，当时回回人也积极倡导这种教育，为中华文化的发展做出了贡献。赛典赤·瞻思丁任云南行省平章政事时，面对云南文化教育十分落后的状况，于至元十二年（1275年）“始创建孔子庙、明伦堂，购经史，授学田”，使云南“文风稍兴”②；赛典赤去世后，他的第三个儿子忽辛继续倡导教育，在云南一些州县遍立庙学，选派有文化素养的教师讲学；赛典赤的孙子乌马儿在福建任行省平章政事时，于泉州、兴化两郡设立学校，购置学田，修建校舍。

明代，回族的社会政治地位虽然没有元代那么高，但总体处境还比较好，回族中的上层人士以及各方面的专门人才仍然受到优待，回族文化也越来越“中国化”，名字、服饰特别是语言已和汉族无多大区别，这种情况与回族接受中国式普通教育是分不开的，其结果是涌现出越来越多的回族文人、作家，步入仕途者也不在少数，出现了像丁鹤年、金大车、金大舆等著名的诗人，也出现了海瑞这样的官员。特别是李贽，他既是杰出的思想家，又是史学家和文学评论家，堪称为我国文化思想史中里程碑式的人物。

---

① 《元典章》，卷三十一，《礼部四·学校·科举程式条目》。见《四库全书存目丛书》编纂委员会编：《四库全书存目丛书》，第263册，史部，政书类，济南：齐鲁书社，1996年，第599页。

② （明）宋濂等撰：《元史》，卷一百二十五，《赛典赤瞻思丁传》，北京：中华书局，2008年，第3065页。

二、经堂教育的发展

随着回族人口的不断增加和分布地区的日益扩大，清真寺数量大增，随之而来的是需要大批的宗教职业者主持教务，但明中叶以后政府的闭关锁国政策使得国外宗教职业者作为阿訇的主要来源的方式无以为继，出现了清真寺日益增多而宗教职业者数量不足的情况。同时，回族在对待日常用语（汉语）与宗教用语（阿拉伯语和波斯语）的态度上也出现了矛盾，后者渐渐成为一种程式化的语言，普通回族往往会读、会写阿拉伯文或波斯文的《古兰经》，但却不懂其意。也就是说，此时回族中出现了“经文匮乏，学人寥落”的状况。这种状况引起一些回族学者的忧虑。他们担心伊斯兰教在中国的发展会受到影响，立志兴办教育。于是，一种结合伊斯兰文化与中华文化的教育方式——经堂教育诞生了。

经堂教育亦称“回文大学”或“寺院教育”，其中“经”指的是伊斯兰教经典，而“堂”就是清真寺，经堂教育的场所就附设在清真寺，且以习诵伊斯兰教经典为主要内容。明代中叶以后，经堂教育在各地逐渐展开。

多数学者认为陕西著名伊斯兰教经师胡登洲是回族经堂教育的最早创办人。胡登洲（1522～1597 年），字明普，经名穆罕穆德·阿卜顿拉·依立亚色，早年研习儒学，后学习伊斯兰教经典，是一位“经汉兼通”的伊斯兰教学者。他曾到麦加朝觐，回国后立志培养伊斯兰教人才。最初，他只是在家招收生员，后来开始在清真寺内办学，负笈者接踵而至。于是各大清真寺相继效仿，经堂教育扩展到全国，并逐渐形成一种特有的教育制度。

经堂教育的一般形式，是由清真寺中的阿訇招收本地或外地学生若干名，从教阿拉伯字母、拼音始，授以初级伊斯兰教知识，然后转

入“回文大学”阶段，即系统讲习阿拉伯文或波斯文语法、修辞学、《古兰经》、“圣训”、教法学等。学生修业年限不等，期间衣食住行由清真寺所在地穆斯林群众供给，结业后便可取得担任阿訇资格。

经堂教育不仅把伊斯兰教当作一种宗教，还将其视为包罗万象的思想、政治和文化体系来加以研究、教授和传播。但经堂教育毕竟只是一种宗教教育，随着社会的发展，其消极作用也表现出来：首先，其形式、内容、制度等方面虽历经数百年但变化不大，同时时间过长、耗费大，在得不到资金支持的情况下往往无以为继；其次，对增进回族民族感情及形成共同心理起了一定的作用，但忽视对“经文”以外的知识的学习，这无疑增加了回族社会的保守性。特别是回族使用汉语，而经堂教育以研习阿拉伯文、波斯文及宗教知识为主。为解决这一矛盾，回族在经堂教育的过程中发明了用阿拉伯文字母拼写汉字的文字交际工具“小儿锦”；经师讲课时一般用汉语，但其中也夹杂了大量的阿拉伯语和波斯语语汇，形成了具有回回民族特色的大量的专门语汇，回族俗称其为“经堂语”。“小儿锦”和“经堂语”的出现，对于回族内部的交流起了一定的作用，但却不利于回族同整个中国社会的联系，势必要造成民族的自我封闭。

回族教育中所遭遇的困境有其历史原因。回族文化是伊斯兰文化与中国文化结合的结果，所以在教育上也面临伊斯兰与儒家两种知识体系。唐、宋、元三代，这两种知识体系在不同时期、不同地位的穆斯林中产生的影响是不同的，但却没有产生多大矛盾，基本上是各行其道、和平发展，即他们一方面孜孜不倦地学习中华文化以适应在中国的生活，一方面在自由的气氛中保持自己的宗教信仰和以口传心授的方式学习必要的宗教知识。伊斯兰教信仰与儒家思想的矛盾发生在明代以后。明代统治者开始采用“礼下庶民”的方针，使得儒家思想得以大众化，但同时也让其成为统治者控制大众的工具，对君王和政权的忠诚被加诸到道德层面，进而对“殊俗之民”采取了一系列的“教化”政策。这也使回族内部发生了分化：一部分是政治上有地位或希望读书入仕的人，通过科举等方式得以被纳入王朝正统的权力体系之中，并以维护儒家思想为己任，对伊斯兰教并不认真遵守，甚至刻意隐瞒自己的穆斯林身份；另一部分是笃信宗教的人，面对同化政策具有危机意识，坚决捍卫自己的信仰，甚至发展到拒绝接触“汉书”和唯“经”是“习”的地步。这样便在精英层面分化出“读书人”（指学习汉文、接受汉文化者）与“习经人”（指学习阿拉伯文和波斯文、研习伊斯兰教经典者）两个群体，读书、考科举成为前者的上升路径，而经堂教育则为后者提供了不可多得的学习场所。

这种情况在清代愈演愈烈，与统治者对回族采取歧视、同化政策是分不开的，例如同治年间在西北负责清剿回族起义的左宗棠就曾下令广设义学招收回民子弟。而令统治者始料不及的是，威逼与同化政策反而会激发强烈的文化自觉，而伊斯兰文化成为回族强化自身文化特色的重要内容，经堂教育又正是传承宗教的具体措施，因此在清代得到了空前的发展。至此，儒家思想与伊斯兰教的关系从大传统与小传统之间的调适，转变为国家权力与民间自觉的碰撞，已经超越了知识的范畴。这种非此即彼的碰撞直到清末民初时才因现代教育的发展得以调和。

三、现代教育的兴起

辛亥革命以后，中国进入了一个充满变革的时代，现代化的全民教育也逐渐进入普通大众的生活，接受教育不再是谋求仕途的手段，而是成为使得个人与国家、民族的命运联系在一起的伟大事业。这一时期，回族中的进步人士也为回族教育的发展而进行了苦苦探索，在近代教育救国、科学救国的思潮影响下，他们进一步认识到，回族要

振兴，必须从改革教育入手，于是纷起兴办新式回民普通中小学校和兼学文化知识的宗教学校，这是回族教育史上的一次重大转折。

1906年，童琮在镇江创办“穆原学堂”，马六舟在齐齐哈尔创办“清真小学”，马邻翼在邵阳创办“清真偕进小学”等。而影响比较大的则是北京的知名阿訇王宽于牛街礼拜寺内创办的“回文师范学堂”。此外，1911年经孙中山同意，由王宽阿訇、马邻翼等人在北京发起成立了全国性团体——“中国回教俱进会”，以“兴教育、固团体、回汉亲睦”为宗旨，刊行《穆光半月刊》杂志，并致力于兴办学校和社会救济事业；各地分别建立支部和分会（或称“回教教育促进会”），对推行新式教育颇有影响。1925年以后，全国各地办起新式回民中学及中等教育学校数十所，小学数百所，在很大程度上提高了回民子弟受教育的比例。这些学校在开设文化课的同时，也开设了宗教课，并有适合回族生活的设备。一些以学习宗教知识为主的宗教学校也开设了文化课，如1925年马松亭、唐柯三等在山东省济南市西关杆石桥穆家车门清真寺内创办的成达师范学校，以培养教长、校长、会长“三长”为目标，后迁入当时的北平（即今北京）。类似的还有1928年达浦生、哈德成创办的上海伊斯兰回文师范学校，1926年云南回教俱进会创办的昆明明德中学，1928年周级三、李仁山在四川创办的万县伊斯兰师范学校等。然而，由于新式回民学校多由民间兴办，经费来源没有保障，有的只办了三五年就停办了；学校也大多数建在城市或县城内，居于乡村的回民子弟几乎没有入学的机会，其结果是回民教育依然难以得到全面发展。

民国时期回族也重视海外教育，先后选派多批回族留学生赴埃及爱资哈尔大学等学府求学，我国著名翻译家纳忠先生、《古兰经》翻译者马坚先生、《一千零一夜》的翻译者纳训先生等都曾是当时赴埃及留学的学生。

北京市回民中学　（敏昶提供）

新中国成立以后，在党和政府的关怀下，回族教育进入了新的历史时期。由于回族使用汉语、汉文，回族教育与我国整体教育联系密切，所以回族子弟和汉族学生一样在正规的普通学校读书、学习。为了照顾回族特殊的风俗习惯和宗教信仰，在全国又设立了多所回民中学和回民小学。此外在全国各地还办了多所伊斯兰教经学院以培养宗教人才。中国伊斯兰教经学院成立于1955年，校址位于北京牛街地区，以“培养热爱社会主义祖国、拥护社会主义制度，具有一定文化水平和较高宗教学识的伊斯兰教专业人才”为办学宗旨，揭开了中国伊斯兰教现代院校教育的新篇章。经学院曾经在“十年动乱”中被迫停办，1980年着手恢复，本科班在1982年正式招生。此外，自1983年起，经国务院宗教事务局批准，在沈阳、兰州、银川、郑州、北京、西宁、乌鲁木齐和昆明等地也陆续建立了伊斯兰教经学院。伊斯兰教经学院体系的建立，是对经堂教育的延续和创新，所培养的人才既有丰富的宗教知识，同时又能够适应社会发展的需要，对于回族文化事

业的发展发挥着重要作用。

伊斯兰教经学院 （CFP 提供）

总之，回族文化的多元特色造就了回族教育发展的特殊性，但回族通用汉语及分布全国的特点又使回族教育的主流始终与中国教育融为一体。今天回族所以能够与汉族一样在经济、文化建设等方面齐头并进，正是与回族的这个特点分不开的。

第二节 “以儒诠经”与“回儒”

回族文化根植于中华文化的土壤，但历经时间的打磨依然呈现出自己的特色，这与伊斯兰教的凝聚作用是分不开的。但从唐宋时第一批穆斯林蕃客来到中国至今，伊斯兰教已经经历了本土化的过程，这与明清以来回族学者“以儒诠经”的汉译伊斯兰教经典活动以及众多“经汉兼通”的回儒学者的努力密不可分。

汉文译著，就是以中国通用的汉语、汉字翻译伊斯兰教经籍和著书立说的活动，采用的主要方法就是“以儒诠经”，亦即通过吸收和改造儒家传统文化中的概念来阐释伊斯兰教的内涵。这样做的目的有二：首先，对教内宣传教义，维持伊斯兰教信仰，改变过去“教义不彰，教理不讲”的状况，使伊斯兰教在中国进一步扎根；其次，对教外扩大影响，使更多非穆斯林了解伊斯兰教，做到“隔教不隔理”。可以说，这是回族知识分子发起的一次护教宣传活动，也是中国伊斯兰教史上一场思想文化领域中的启蒙运动。

明、清两代，从事汉文译著活动的著名回族学者有以下几位：

王岱舆（约1570～1660年），名涯，自号“真回老人”，江苏江宁（即今南京）人，其先人自西域来，由明太祖朱元璋赐居南京。他自幼受宗教教育，学习过阿拉伯语、波斯文和伊斯兰教典籍，成年后又攻读诸子百家和性理之说，览阅史籍和佛道书籍，被誉为“学通四教”（伊斯兰教和儒、释、道）。他长期借住南京净觉清真寺内，从事著述和宣传宗教教义活动，是回族中最早系统研究伊斯兰哲学并刊行其汉文译著的宗教学者之一。他的重要的著作有《正教真诠》、《清真大学》和《希真正答》，将我国宋元理学和伊斯兰哲学相互渗透、融合和互补，具有明显的“以儒诠经”性质，但又不至于在诠释的过程中失掉伊斯兰教本义。同时，他还提出了“真一、数一、体一”的宇宙本体论：真一即真主，数一即万物本原，两者是形与影、实与虚的关系，真一通过数一创造世界及其中万事万物；体一是对真主的体认，也就是“体真一之妙”，使五彩缤纷、瞬息万变的世界和人复归于“真一”。从哲学角度讲，王岱舆吸收了中世纪阿拉伯伊斯兰宗教哲学的一些重要理论和成就，同时将我国儒家理学和老庄哲学的道、理、天、人观念融入其中，在伊斯兰和中国哲学史上都具有独特性，对明、清时代的汉文译著活动具有启迪和推动作用。

张中（约1584～1670年），又名时中，字群实，自号“寒山叟”，江苏苏州人。他出身于一个伊斯兰教经学世家，曾师从当时的著名经师张少山。明末，印度伊斯兰教学者、苏非主义者阿世格来华授经，张中又师事三年，深受其影响。张中的思想学说注重内省和潜修，并掺杂中国老庄和墨家思想，具有神秘主义和禁欲主义色彩，主要著述有《归真总义》和《四篇要道》。

伍遵契（约1598～1698年），字子先，江苏江宁人，他幼读儒书，曾中过秀才，后无意功名而专攻伊斯兰教经典、教义，曾在镇江、苏州、扬州等地讲学宣教，后定居在南京净觉清真寺附近，专心著述。清康熙七年（1668年）译著《修真蒙引》，后又将经堂教育的十四部教材之一、十三世纪波斯经学家额补白克尔名著《米尔撒德》译成汉文，取名《归真要道释义》，影响很大。

马注（1640～1711年），字文炳，号仲修，云南金齿（即今保山）人。年轻时中过秀才，曾任小官，后避隐教书，并专攻阿拉伯文、波斯文和伊斯兰教经典，辑著《清真指南》一书，内容包括伊斯兰哲理、历史、天文、地理、教规教仪、诗文唱和、身世自赞、教派斗争以及阿拉伯、波斯、中国神话传说等资料文献，影响深远，有“清代云南第一位穆斯林学者”之称。他曾游历全国各地，足迹遍及山东、陕西、浙江、江苏、湖北、福建等地，广泛结交社会各界人士。马注一生中曾屡上《请褒表》，欲将《清真指南》进呈康熙皇帝，但均未成功。后来，他参与了宗教内部变革，抨击“左道异端”，制定教规，并通过官府强制执行，对伊斯兰教教规、教义的统一起到一定的作用。

刘智（约1660～1730年），字介廉，号一斋，南京人。其父刘汉英为清初著名伊斯兰教学者，刘智秉承父志，以光大“天方之学”为己任，研习伊斯兰教经籍，并攻读儒家经史子集和佛道诸书，会通诸家，兼晓阿拉伯语、波斯语和拉丁语。他曾游学各地，访求遗经，足

迹踏遍各地，拜师访友，结交各族人士，开阔眼界，交流思想。直到晚年时才回归家乡，僻居十年，专心治学，埋头译著，自称“著书数百卷”。现今传世之作有五十卷左右，主要有《天方典礼》、《天方性理》、《天方至圣实录》、《五功释义》等。刘智提出的伊斯兰教世界观颇具特色，对伊斯兰的中国化贡献尤大。他在哲学上，将王岱舆首倡的“真一、数一、体一”的“三一”说加以发挥，形成中国风格的伊斯兰教认主学（即神学）。在宗教伦理上，刘智提出以“五典”配“五功”，“敬服五功，天道尽矣”①，“敦崇五典，人道尽矣”②，强调孝道，敬重君主，认为“言天道，莫大乎事主；言人道，莫大乎事亲。尽人道，即是尽天道”③，“君者，主之影，忠于君即所以忠于主也”④，将忠于主、忠于君、孝于亲看做人生三大正事，带有明显的儒家伦理色彩，促使伊斯兰教在中国封建社会得以生存和发展。刘智的著作和思想对中国穆斯林的影响，为同时代其他学者所无法比拟，对西北穆斯林的影响更为深远。

马德斯（1794～1874年），字复初，云南太和（即今大理）人，出身于伊斯兰经学世家，自幼勤学，博览经籍，通晓阿拉伯文和波斯文，曾两次赴麦加朝觐，遍游阿拉伯、西亚、东南亚伊斯兰教诸国。归国后，在云南各地设帐讲学，名噪一时，弟子及再传弟子达千余人，穆斯林尊称其为“老巴巴”。晚年，马德斯致力于伊斯兰教著述活动，译著数十种，主要有《四典要会》、《大化总归》、《醒世箴言》、《朝觐

---

① （清）刘智著，张嘉宾、都永浩点校：《天方典礼》，卷一，《原教篇》，天津：天津古籍出版社，第32页。

② （清）刘智著，张嘉宾、都永浩点校：《天方典礼》，卷一，《原教篇》，天津：天津古籍出版社，第32页。

③ （清）刘智著，张嘉宾、都永浩点校：《天方典礼》，卷十一，《父道》，天津：天津古籍出版社，第126页。

④ （清）刘智著，张嘉宾、都永浩点校：《天方典礼》，卷十二，《臣道》，天津：天津古籍出版社，第136页。

途记》等。相传最早的《古兰经》汉译本《宝命真经直解》五卷，就是出自他的手笔。他的著述大多说理精辟，分析透彻，尤对"后世复生"卓有发挥，多前人所未言，深受教内外人士好评。他还将王岱舆、刘智、马注等著作删繁就简，编纂为《要言》、《要录》出版，对传播伊斯兰宗教思想做了重要贡献。

马联元（1841～1903 年），字致本，云南新兴州（今云南玉溪）人。他少承家学，攻读伊斯兰教典籍，又习儒学，曾赴麦加朝觐，遍游叙利亚、埃及、印度等国，回国后在云南讲学，就学者甚众。马联元通晓阿拉伯文和波斯文，曾在孟买用阿拉伯问著述并出版教法注释《讨妥特》，拥有许多中外读者；《亥听》是他从《古兰经》章节中编辑而成的选读本，为我国最早《古兰经》汉译本之一。其他著作有用阿拉伯文写成的《四篇要道》、《性理本经》、《教典经注》，以及阿拉伯文法、波斯文法读本等。另有用汉文写成的《辨理明证》。

上述回族学者的译著多用汉文书写，也有用阿拉伯文写成的，甚至还有一书兼用两种文字的。他们形成了南京和云南两个中心，前者以王岱舆和刘智为代表，他们的译著多为宗教哲学、宗教典制、伊斯兰教历史及教理教法；后者以马德斯、马联元为代表，内容扩及阿拉伯语法及修辞学、天文、地理、历法等，并开始尝试汉译《古兰经》。

在著述活动中，回族学者大量采用儒家学说，但它不是简单地袭用，而是以维护伊斯兰教信仰的纯正为目的。在寻求与中国传统文化协调的过程中，众多回族学者以伊斯兰教的基本要素做尺度决定对中国文化的取舍，对所吸收的中国文化特质加以改造，以阐发伊斯兰教教理和哲学，同时也用伊斯兰教思想发挥了儒家学说，创立了既不同于一般的儒家学说又有异于传统伊斯兰教的具有中国特色的回族伊斯兰教文化思想体系。回族学者正是凭借着对中国传统文化融会贯通的理解和对儒家思想理论方面的深厚功底，才恰当吸收、

运用中国传统文化资料，深入浅出、通俗易懂地阐述伊斯兰文化的内涵和深奥哲理，从而把伊斯兰文化和儒家文化结合了起来，并逐渐在社会上产生共鸣。

الرحمن علم القرآن خلق الانسان علمه
البيان الشمس والقمر بحسبان و
النجم والشجر يسجدان والسماء رفعها
ووضع الميزان الا تطغوا في الميزان
واقيموا الوزن بالقسط ولا تخسروا
الميزان والارض وضعها للانام فيها
فاكهة والنخل ذات الاكمام والحب
ذو العصف والريحان فبأي آلاء
ربكما تكذبان خلق الانسان من
صلصال كالفخار وخلق الجان

手抄《古兰经》　（敏昶提供）

到了近现代，不少学者开始着手翻译《古兰经》。其实早在清代，马联元、马复初等穆斯林学者就已经开始尝试翻译《古兰经》，但还没有完成全译本。到了 1927 年和 1931 年，才有两位非穆斯林铁铮和姬觉弥通过日文和英文版译出《古兰经》的中文全译本，前者译名为《可兰经》，后者为《汉译古兰经》。而后，穆斯林学者王敬斋、刘锦标、杨敬修、时子周、马坚、林松、仝道章、周仲羲、沈霞淮、马振武、马金鹏、马仲刚、法土麦·李静远、李鸿鸣等人从阿拉伯文版共翻译了 14 个版本的《古兰经》，其时间跨度从 1932 年到 2008 年。其中以马坚的版本最为流行；王敬斋的译本还分为甲、乙、丙三个版本，其中甲种本为文言文，丙种本为白话文，而乙种本的印量最少；马振武的译本采用了中文、阿拉伯文和小儿锦三种文字对照的编排形式。此外，杨振业编集的《〈古兰经韵译〉注释荟萃》和肖天福整理编辑的《古兰经汉译注释汇集》均汇集了多个前人翻译的版本，具有对照、参考的价值。[①]《古兰经》的翻译，不仅利于使用汉文的穆斯林阅读，对中国人了解伊斯兰文化也有重要意义。

第三节　别具特色的回族文学艺术

回族自在中华沃土扎根之日起，就开始了学习、吸收、融化中国传统文化的过程。在这个过程中，回族以其刻苦好学的精神及顽强的适应力，融入了中华民族大家庭，并在中国的文坛艺苑中写下了光辉的一页，丰富了中华民族灿烂的文化宝库。

一、文人辈出

“舍弓马而事诗书”[②]，反映了元代的回回人在结束鞍马征战的生活后研习中国文学的过程。随着社会秩序的安定，回回人逐步开始弃武兴文。特别在回族形成后，汉语、汉字成了回回民族的共同的语言、文字，谙熟中国文化的回族知识分子不断涌现，出现了一批著名的回回文人。及至近现代，又出现了一个书写回族题材文学作品的回族作家群。

---

① 赵国军：《〈古兰经〉在我国的流传、翻译及其研究》，载《甘肃社会科学》2009年第3期，第250～255页。

② 出自（元）戴良：《鹤年先生诗集序》，原文为：“我元受命，亦由西北而兴。西北诸国，若回回、吐蕃、康里、畏吾儿、也里可温、唐兀之属，往往率先臣顺……积之既久，文轨日同，而子若孙遂皆舍弓马而事诗书。”见吴海鹰主编：《回族典藏全书》，第154册，兰州：甘肃文化出版社，银川：宁夏人民出版社，2008年，第385页。

1. 元代

高克恭（1248～1310年），元代早期的回族诗人兼画家，大都房山（即今北京市房山区）人，字彦敬，号房山道人。高克恭的祖先从西域来华后定居在大同，后在其父辈时迁居房山。其父亲高享精通儒学，高克恭从小跟父亲学习，养成了勤奋刻苦的习惯，在至元十二年（1275年）补工部令史，后历任江浙行省左右司郎中、河南道提刑按察司判官、山西河北道廉访副使、山东西道监御史、大名路总管和刑部尚书。高克恭的诗精美、雅致，《房山集》令时人涵咏不已，可惜流传至今的只有23首。其诗铺陈不多，总是借助淡墨勾勒之笔，貌似简逸，却包含着深刻的思想内涵和丰富的感情，能给读者以广阔想象的余地，如《岳阳楼》：

九月汇荆楚，一楼名古今。地连衡岳胜，山压洞庭深。宿雁落前浦，晓猿啼远林。倚栏搔白首，空抱致君心。

诗人以洞庭湖之景入手，写出了登临所见之美。

高克恭在画坛上的成就要高于在诗坛，他擅长画水墨山水，其笔下的林峦烟景，笔墨仓润，神韵深远充满诗的意境，可谓“诗中有画，画中有诗”，其墨竹画深为时人所推崇，在流传至今的《墨竹坡石图》画上，有元代著名书画家赵孟頫的题诗：“高侯落笔有生意，玉立两竿烟雨中。天下几人能解此，萧萧寒碧起秋风。”1936年，在英国伦敦举办的中国艺术国际展览会上，高克恭的《雨山图》和《林峦烟雨图》两轴山水画受到国际美术界的高度赞扬。

萨都剌（1272～1368年，一说1308～1355年），字天赐，号直斋，元代伟大的现实主义诗人，其祖先是东来的穆斯林。萨都剌自幼学习努力，年轻时因诗词、绘画、书法俱精，被时人誉为“龙卧虎跳之才”。他56岁时得中进士为官，一生创作颇丰，诗集《雁门集》，在元代已有刊本，明、清两代又被多次刊刻印行，甚至日本人岛田翰也在东京用活字印刷了《萨天赐逸诗》。他的所有诗作或清新自然，或豪迈奔放，其中不少诗词深刻揭露了社会的黑暗，表达了对劳动人民苦难的深切同情，如《鬻女谣》、《织女怨》、《征妇怨》等。萨都剌热爱祖国和人民，他的一些描绘自然风光和民族风情的小诗具有鲜明的民族特色，如《上京即事》：

牛羊散漫日下落，野草生香乳酪甜。卷地朔风沙似雪，家家行帐下毡帘。

萨都剌除工诗外，还工书法，擅画；诗画创作之外，还有诗论、画论，是位很有才华的回回文人。

马九皋（约1270～1350年），元代著名的回回散曲家，字昂夫，号九皋，出身官贵之家，幼年即喜欢文学，青年时就学于著名学者刘辰翁，后入大都为国子监生，不断经名师指教，学问日增，先后有《薛昂夫诗集》和《九皋诗集》编定问世（后均散佚）。从现存的几首诗看，其诗具有“新严飘逸”、“流丽婀婉”的风格。

马九皋在文学史上的地位，主要是散曲创作的突出成就而决定的。其散曲集《扣舷余韵》早已散佚，今仅存小令65首，套曲3套。其中尤以怀古之作为多，具有独特的见解，如小令中有一组《〈朝天曲〉失题》，现存22首，其中20首对历史和传说故事中的人物进行了评论。“沛公”令曲：

沛公，大风，也得文章用，却教猛士叹良弓，多了游梦。驾驭英雄，能擒能纵，无人彀中。后宫，外宗，险把炎刘并。

他认为汉高祖的《大风歌》只是一篇空文而已，嘲笑他虽自称“安得猛士兮守四方”，可事实上“却教猛士叹良弓，多了云游梦”，刘邦成事后将韩信等早先追随他的人赶紧杀绝，正是应了“兔死狗烹，鸟尽弓藏”的说法，让英雄徒增悲凉；他虽有驾驭英雄的本事，但却没能防止后宫和外戚的阴谋。马九皋的散曲有较高的艺术成就，在散曲占有重要的地位的元代文坛上，称马九皋为“散曲大家”也实不为过。

迺贤（约 1309～？年），一作乃贤或纳新，字易之，别号河溯外史，元代诗人，少年时即雅好诗书，曾沿黄河游学中原各地，沿途即兴赋诗，后汇编为《河溯访古记》（原为 16 卷，久佚。《永乐大典》中仅辑出两卷）。至正二十二年（1362 年）官至翰林国史编修官，兼东湖书院山长。著有诗作《金台集》3 卷、《海云海啸集》和《金台后集》各 1 卷。今存《金台集》2 卷，诗 2038 首，另有《元音》录其诗 4 首。迺贤的诗作具有丰富的生活内容，如反映民间疾苦的《新乡媪》、《新堤谣》、《卖盐妇》等，爱憎鲜明深刻地揭露了敲骨吸髓、盘剥人民的统治阶级；咏史诗《岳坟行》歌颂了抗金英雄岳飞，唾弃奸贼秦桧，有强烈的正义感。他的艺术造诣，深得时人推崇，诗作一经出来，文人学士辄争相传诵。时人将他同会稽韩与玉（能书）、金华王子充（善文）合称“江南三绝”，可见其在元代诗坛上的地位。

此外，泰不华、丁野夫、伯笃鲁丁、沙班、伯颜子中、哲买鲁丁、买间、别里沙、仉机沙、掌机沙等，也都是元代比较有名的回回诗人；不忽木、阿里耀卿、阿里西瑛、玉元鼎、兰楚芳、孟昉、沐仲易等，则是当时有名的散曲家，他们的作品，以广泛的题材及多样的风格，丰富了元代的文坛，并有力地推动了元代文化事业的发展。

2. 明代、清代

明代，回回民族共同体的形成加速了回族文化发展的进程，中国的文坛艺苑中出现了更多的回族名流，为中华文化宝库增添了新的光彩。

丁鹤年（1335～1424年），晚年字永庚，号友鹤山人，元末明初诗人。少时入武昌南湖书院读书，17岁时即以精通诗、书、礼而负盛名。元末，丁鹤年避兵四明（即今宁波），因方国珍（元末起义军首领，后归降朱元璋）忌色目人，转徙逃匿，或教书，或行医卖药糊口，明初还武昌，终生不仕。诗集有《丁孝子集》和《丁鹤年集》，其中包括《海巢集》、《哀思集》、《方外集》正及续等4卷，存诗300余首。其诗内容丰富，以怀念故国乡土者居多，如七律《钱塘怀古》：

> 钱塘佳丽冠南州，故国繁华逐水流。龙虎已消王露气，江山空锁古今愁。吴臣庙冷潮喧夜，宋主陵荒塔倚秋。最是西湖歌舞地，数声渔笛散凫鸥。

除诗外，丁鹤年对绘画、书法亦有研究，并通晓医学、数学，是位多才多艺的回族学者。

政治家海瑞以刚直不阿而著称，其实他还是一位著名的诗文大家。他自幼攻读诗书经传，于嘉靖二十八年（1549年）中举，著有《海刚峰集》等。海瑞一生诗作不多，但具有较高的艺术水平，表现了作者刚正不阿的高尚品德。如《玄鹤篇》，以老病的玄鹤诉述苦衷的拟人手法，表现自己几经打击、壮志难酬的心情，进而勉励自己“敢以落魄怀，长鸣问苍穹”。海瑞对散文写作，态度十分严谨。他反对抄袭套用和歌功颂德的阿谀风气，主张实事求是，反映真实思想，在《教约》一文中说道：“文也者，所以写吾之意也。吾平日读书体认道理，明

白，立心行己，正大光明，吾之神也，作而为文不过画师之写神者耳。”[①] 他的政论散文揭流弊、论时政，贬恶扬善，态度鲜明，如《赠贰守陈后溪荣奖序》，揭露了琼州知府陈后溪用装腔作势的手段来欺骗百姓的卑劣行为；《借山亭记》对被贬出朝的沈孝思十分赞许，称赞他在恶劣的政治环境中仍能直言不讳的正直品德和勇敢精神。

此外，在明代的回族文学园地中，还有金陵的金大车和金大舆兄弟的《子有集》、《子坤集》、马继龙的《梅樵集》、闪继迪的《雨岑园秋兴》和《吴越游草》、马上捷的《拾芥轩集》等，优秀散文集《瀛涯胜览》和《星槎胜览》等。

清代，回族社会的发展虽然遇到了严重的困难，但仍产生了一批优秀的作家，其诗歌、书画、散文均富有时代性和现实性。

诗文大家马世俊（1609～1666 年），字章民，号甸臣，江苏溧阳人，出身于书香门第，从小受到良好的教育，清顺治十八年（1661 年）中进士，授翰林院修撰，官至侍读。工诗善文辞，兼精书画，主要著作有《匡庵集》、《茅山记》、《登燕山记》、《方山集》，存诗 800 余首，文 100 多篇。他还博涉经史，好性理文学，著有《十三经汇解》、《理学渊源论》、《华阳游志》等。马世俊一生勤于创造，作品能触及社会现实，常借古人为题讽喻达官贵人的荒淫生活，如《陆贾》：

莫问尉佗装，千金岂在眼。请问马上公，何曾事生产？

他暗喻统治者应吸取埋没人才和所用非人的教训，同时抒发了自己怀才不遇的感慨。马世俊不但善诗文，还是当时江南著名的画家和书法家，人评其有“二右”（即右军王羲之，右丞王维）的才能。除

① （明）海瑞：《海刚峰集》，卷下，《教约》。见吴海鹰主编：《回族典藏全书》，第 165 册，兰州：甘肃文化出版社，银川：宁夏人民出版社，2008 年，第 159 页。

此，他还创作散文，其中文学价值较高的是游记散文。

除马世俊外，清代的回族文学家还有丁澎（约1622～1686年）、孙鹏（1688～1759年）、蒋湘南（1795～1854年）、改琦（1774～1829年）等。

3. 现当代

在现当代中国文坛中，也涌现出不少回族作家，并创作出了一批以回族历史、生活为主要题材的文学作品。比如霍达的《穆斯林的葬礼》（1988年出版），通过三代人、两位回族女性的经历为主要线索，游走于抗日战争前后和新中国成立之初两个时空之间，讲述了两段在传统与现代、爱情与婚姻之间挣扎的情感故事。这部长篇小说1990年获第三届全国少数民族优秀文学奖，1991年获第三届茅盾文学奖，并在1993年改编为电影剧本《月落玉长河》。作家张承志也撰写了一批关于西北回族的小说作品，他走进宁夏西海固，并写成长篇小说《心灵史》、《西省暗杀考》等，还有出版了散文集《以笔为旗》、《鲜花的废墟——安达卢斯纪行》和《涂画的旅程》及中篇小说《黑骏马》、《北方的河》等。此外，活跃于现当代文坛的回族作家还有马知遥（小说《古尔邦节》、《亚瑟爷和他的家族》）、马连义（小说《回民代表》）、丁一波（散文《盖碗茶》）、郝文波（小说《朝觐者》）、石舒清（小说《清水里的刀子》）等。

二、民间文学

民间文学是劳动人民社会生活的投射，一般没有固定的创作者，甚至没有固定的形式，仅仅通过口头流传，并为普通民众提供了广阔的发挥空间，是普通大众心灵的歌。回族民间文学的创作和流传、讲述和咏唱，始终伴随着回族人民的社会生活的变迁与发展。透过一个个故事、一首首诗歌，我们可以接触到回族人民的心路历程，领略到

回族文化独特的风光。

1. 民间传说故事

传说故事是一种与特定历史人物、历史事件以及地方风物有密切关联的口传故事形式。回族民间传说故事正是以回族的形成和发展为基本素材，将历史以及风土人情在一代代中口口相传，成为回族发展史的缩影。

回族民间传说故事的题材主要有以下几种：

首先是关于回族发展历史的传说。这是回族口头历史故事中流传最广的内容，如《回回的来历》、《宛葛斯的故事》、《灵州回回的传说》、《回汉自古是亲戚》、《回族结婚时追马的来历》等。这些作品一般通过对历史上真人真事的夸张和渲染，诉说最早一批回族先民初来中国留居和生活的情况，从各个角度展现了古代中国和其他国家人民友好往来的生动故事。

其次是歌颂伊斯兰教发展中“圣贤”人物以及本民族在历史发展过程中涌现的杰出人物的故事，如《蜘蛛、鸽子救圣人》、《圣人遇险记》以及《赛典赤的传说》、《郑和的传说》、《杜文秀的传说》、《马来迟的传说》等。这类传说故事大都有真人真事做蓝本，并经过世代口耳相传，通过不断地艺术加工，使内容更加丰富和生动。比如赛典赤·赡思丁，这位元代著名回回政治家的各种传说故事就在云南回族群众中流传不绝，例如《锁蛟》讲的是赛典赤治水的故事。此外，由于伊斯兰教和回族的密切关系，回族的传说故事有些和伊斯兰教特别是伊斯兰教的始传人穆罕默德有关。这些故事大都来自《古兰经》和“圣训”，一方面以此表现回族群众对伊斯兰教的虔敬及对穆罕默德的敬仰之情，另一方面又以此为一些传统习俗的来源依据。

最后是物产、景观传说。这是因为回族分散在全国各地，各地区回族对所居住地区的江河湖海、名山奇峰、自然风物以及地方风俗习惯和区域的历史人物、历史事件都有本土化的解释。这种不同地区的不同地方性传说，构成了回族民间传说独特的地域特点。如流传于宁夏银川以南地区的《发菜姑娘》，就是对该地区驰名中外的特产——发菜的传说，故事的大概内容是这样的：

古时候，米钵山下的一个回族村庄里，有一个叫法图麦的漂亮姑娘。她爱上了长工尤素福。这件事被地主杨黑狼知道了，就将法图麦卖与自家堂弟做妾。法图麦不屈服，将自己的长发辫剪下来托人交给尤素福，自己跳湖身亡了。后来，她给尤素福托梦说，只要尤素福把她的发辫撒向天空，就会有仙女下凡和尤素福结成伴侣。尤素福照着做了，果然整个米钵山都落满了法图麦的发丝。后人亲昵地称法图麦为“发菜姑娘”。现在，每年春秋两季，这里的姑娘和年轻媳妇们成群结队，唱着“花儿”进山抓发菜，据说这样就是在为发菜姑娘梳理发辫。

这个故事中，男女主人公的名字用了具有回族特色、来自《古兰经》故事和伊斯兰教传播中历史人物的名字，即回族的“经名”，但在地点、背景和情节设置上可以看到浓厚的宁夏地域特色，回族文化中伊斯兰文化与中国本土文化结合的特色可见一斑。

另外，如新疆焉耆回族自治县的《焉耆马》、云南的《飞来寺》、宁夏的《凤凰城》也都属于有关地方物产和景观的传说。这类传说的特点是想象丰富、幻想性很强，往往与同一地区汉族以及其他民族同类传说故事既有相似的地方，但同时又有回族的特殊性，这也是回族民间传说多源性的特点之一。

总之，回族民间传说故事的内容丰富，特色明显，除了思想感情

和表现形式独特外，在语言表达方面还常借用阿拉伯语和波斯语词汇及地方方言和俗语。此外，回族民间传说故事与其他民族相互交流和影响的痕迹也较为突出，还存在借用阿拉伯神话传说故事的现象。回族人民正是通过吸收各民族民间文学创作的精华，使自己的文学创作呈现出绚丽多彩的艺术风貌。

2. 民间叙事诗

民间叙事诗是劳动人民集体创作、口头流传的长篇韵文故事。回族民间叙事诗，形象地反映了历史上回族波澜壮阔的社会生活，犹如一幅幅绚丽的历史画卷，记录了回族的爱与憎、愿望与追求。

歌颂纯真的爱情，争取婚姻自主，反抗不合理的婚姻制度及封建礼教枷锁，是回族民间叙事诗中表现得最多、最常见也是最深刻的主题。如《马五哥与尕豆妹》取材于一个真实的故事：

> 清末光绪初年，在河州（今甘肃临夏）莫泥沟有一位叫尕豆的回族姑娘，年方十七岁。尕豆与青年长工马五相爱，俩人立下了海誓山盟。村子里的恶霸地主马七五想霸占尕豆，便强娶其为自己不满十岁儿子的妻子。一天马五来尕豆家私会，被小丈夫发现，情急之下马五扼死了小丈夫。马七五告官，同时又用金银贿赂官府，于是马五与尕豆双双被斩于兰州城。

这是一个悲剧故事，反映了回族人民对封建礼教和强权的反抗斗争。这类题材的叙事诗还有《吆骡子》、《红杜鹃》等。

直接反映回族人民革命斗争的光荣历史，歌颂回族历史上的英雄人物，也是回族民间叙事诗的重要题材。如《歌唱英雄白彦虎》，就是一首赞颂回族人民起义领袖白彦虎的长诗。长诗的背景是这样的：

1862 年，陕西回族在白彦虎等的领导下，进行了一次反抗清朝反动统治和封建地主阶级剥削压迫的起义，历时 15 年之久。虽然最后起义失败了，但它却给清王朝沉重的打击。长诗真实地反映并热情讴歌了这次起义，下面节选的一段以浓厚的感情赞美了回回民族英雄白彦虎的无畏与勇敢：

> 白彦虎的白龙马真攒劲，尾巴一扎出了阵。光见四面旗子空中绕，白彦虎越战越有劲。五出五进杀得欢，白彦虎一人能当千员将。

回族民间叙事诗就内容看还有一些反映惩恶扬善的作品。如《穆莎与海哲》讲述这样一个故事：农民优素福上了林妖的当，把儿子穆莎许诺给林妖。穆莎到了林妖那里，在啄木鸟的化身——海哲姑娘的帮助下，识破了林妖想骗走穆莎灵魂以图称王称霸干坏事的阴谋。经过一番曲折的斗争，林妖终于得到严惩。整首长诗情节曲折，富于幻想，充满浪漫主义色彩，同时表现了正义必然战胜邪恶、光明必然战胜黑暗的积极主题。

回族民间叙事诗以其鲜明的民族特色而深受回族人民的珍爱，其广泛流传不但起到陶冶人们的情操、鼓舞人们斗志的作用，而且深远地影响并促进着本民族文学的繁荣和发展，成为我国文学宝库中的珍贵财富。

3. 民间说唱

宴席曲是回族民间说唱中的代表，主要流行于甘肃、青海、宁夏、新疆等几个省区，适用于婚礼宴会及其他重大喜庆场合，表演者有时亦是唱词的作者，表演中要搭配唱词、演奏和舞蹈语言等多种元素。宴席曲一般词曲对应，但在长期流变的过程中也有一词多调的情况，

有独唱、对唱、合唱、随唱等多种形式。

宴席曲的叙述内容非常广泛，以青海门源为例，就有适用于喜庆场合的贺词赞歌、倾吐衷肠的异乡恋歌、抒发幽怨的春闺怨歌、“劝人行善，止人干歹”的劝谕歌、讲述故事的人文历史歌等多个种类。[①] 在西北地区流传较广泛的宴席曲有《高大人领兵上口外》、《方四娘》、《五更情》、《没奈何》、《织手巾》、《孟姜女》、《杨家将》、《白娘子》、《包老爷》等。

回族宴席曲的艺术表现手法有两种。一种是以叙事体方式从头到尾咏唱一个故事，如《方四娘》。这是一首在回族中影响最大、流传最广的叙事作品，讲述了一个催人泪下的悲剧故事：聪明美丽的回族姑娘方四娘被迫嫁给财东的儿子做了童养媳。由于封建制度和旧礼教的双重压迫，方四娘成了变相的奴隶。她不甘心忍受这种罪恶势力的迫害，但被逼得走投无路，最后终于自尽，以此表示她对封建礼教和婚姻制度的控诉与反抗。

另一种方式是以四季、五更、十二月的景物变化为起兴，咏唱一定的内容。如《五更情》，主要讲述一位少女对心仪的哥哥诉述的情话，每一段都以时间开头，从夜里一更到五更，从最初单纯的想念到后来表达痴迷与纠结：

> 一更里月牙儿往上升，情哥哥出门两月整，小妹妹想下得很，哎哟哟，小妹妹想下得很。
>
> ……
>
> 三更里月牙儿往上升，哥哥年轻妹年轻，肝花连住心，哎哟哟，肝花连住心。妹想给哥搭一壶茶，恐怕惊动爹和妈，

---

① 杨尚京：《门源回族宴席曲音乐文化特征研究》，载《青海民族研究》2012年第3期，第168～172页。

心儿里绾疙瘩，哎哟哟，心儿里绾疙瘩。扎花枕头哥枕上，手巾里头取冰糖。我俩人诉衷肠，哎哟哟，我俩人诉衷肠。

……①

回族宴席曲是回族人民对生活和生产的艺术再现，同时也具有抒发情感、保存记忆和自娱自乐的功能。

三、争奇斗妍的民歌——“花儿”

“花儿”是西北高原上的民间艺术精品，又称“少年”。“花儿”和“少年”本为对歌时男女双方的互称，后来人们习惯地把这种称呼演化成民歌的名称。花儿最早发源于河州（即今甘肃临夏回族自治州）境内，由于流行地域不同，加之在发展过程中受到西北各民族文化的影响，形成了不同的流派和艺术风格，根据民族风格又可划分为回族花儿、撒拉族花儿、保安族花儿等；按照流传地区可划分为甘肃花儿、宁夏花儿、青海花儿等。回族人民喜爱花儿，他们是花儿曲令和歌词的演唱者，更是这种民间艺术的主要创造者。在封建社会，回族人民常用花儿来控诉黑暗势力，倾诉爱情和苦难，因此花儿逐渐成为回族文化中富有地方特色的一种音乐形式。有些最初产生于回族聚居区的花儿曲调，如临夏的《阿哥的憨肉肉令》、《尕阿姐令》、《脚户令》以及青海东部的《马营令》、《川口令》，宁夏南部山区的《花儿令》，都是回族最常选用的曲令。有些花儿虽然最初并非产生于回族地区，但由于长期在回族中流传，也逐渐具有回族音乐特色的曲令。花儿令的音乐特色，是通过一定的旋律、节奏、调式及曲式结构的方法表现出来的。在宁夏的“山花儿”中，就有一些不同于一般商徵型的花儿，

---

① 汪平：《西北回族宴席曲的唱词格式（上）》，载《宁夏大学学报（人文社会科学版）》2002年第5期，第105～111页。引文有删减。

具有五声羽调、角调的特色。这可能是受了伊斯兰教中“诵经音律”，即穆斯林诵念《古兰经》或召唤礼拜的音律的影响。这种基于信仰的“诵经音律”深深地影响了回族群众，进而影响到花儿曲令的编排创造。

回族花儿　（CFP 提供）

回族花儿主要用汉语演唱，但还夹杂着一些阿拉伯语和波斯语的词汇，与回族日常用语相似，这也是回族花儿的特点之一。如下面这段花儿：

老天爷眼睛（哈）闭起来，看不见穆民的苦来；胡大把拜俩（哈）降下来，想躲（者）无地方躲来！

这段“花儿”中，“穆民”指“穆斯林”，“胡大”是波斯语中“真主”一词的音译，“拜俩”是阿拉伯语“灾难”一词的音译。若不了解回族使用语言的特点，以上这段花儿是难以理解的。除词汇外，部分回族花儿旋律音调中还掺入阿拉伯、波斯语言链条的音韵格律（即上文提到的“诵经音律”）和变化了的调式，因此形成了高亢、嘹亮、深情、修长风格的旋律。其形式有独唱、对唱、合唱，调子既有传统套曲，也有即兴编就的新曲，内容丰富多彩，用词富有浓郁的乡土气息和民族风情，有强烈的感染力。

如青年恋人唱的花儿：

> 房檐上蹲的是白鸽儿，鸽洞里卧的是皂儿（黑鸽子）；你给我做个顶帽儿（礼拜帽），我给你买个镜儿。

这段花儿表现了青年恋人间互相依恋的绵绵情愫。

回族花儿所包含的内容非常丰富。它真实地反映了回族人民的生活，是回族人民表达感情的重要形式。正如一首花儿所唱的：

> 花儿它本是心上的话，不唱是由不得自家；尕刀刀拿来了头割下，不死时就这个唱法。

花儿是普通回族民众通过日常生产生活实践迸发出的灵感创作而成。在西北地区的山乡村落、田间地头以及喜庆的节日场合和欢乐的聚会上，都会听到高亢嘹亮、自由奔放、反映回族人民耿直豪爽性格的花儿歌声。如果有幸能参加一年一度的各地花儿会，则更会使人终生难忘。

“花儿会”是花儿荟萃、歌手献技的天然舞台。这种传统的群众歌会强烈地吸引着众多民族的同声歌唱，人们通过歌声来倾诉心声。千万人的观看、喝彩，哺育出一批批的花儿新秀，磨砺出无数的花儿唱家，使花儿从涓涓细流，汇集成滔滔的海洋。这种花儿会，小的人数五六千，大的有十万之多。位于甘肃省临夏回族自治州的莲花山花儿会则是其中较著名的代表。

每年农历六月初，是莲花山最美的季节，也是当地夏收大忙前的农事间歇之际。此时，回族等各民族歌手和群众，从四面八方汇集到莲花山，参加一年一度的花儿歌会。花儿会以拦路堵截参加花儿会的歌手、对歌酬唱开始。

回族花儿会　（敏昶提供）

歌手通过一关继续往前走，又是草绳拦路，又是答唱的歌声……到各族歌手兴游莲花山，相互对歌时，花儿会达到了高潮。满山的歌声此起彼伏，交织成巨大的歌海，人人都沉浸在欢乐之中，个个都陶醉于歌的海洋。到了晚上，各族歌手在王家沟演唱夜歌的情景，更为动人。在绿草如茵的山坡上、小路旁、河滩里，到处都点燃起一堆堆篝火，歌手们通宵歌唱。歌声、笑声、话语声融成一片，在夜空中久久不息。仿佛这里的一切，都蕴含着无限的诗情和优美的花儿声韵。花儿会结束了，人们来到紫松山下，惜惜道别，互约来年相会。

传统的花儿演唱会，随着社会的需要和发展，也不断增添着新的内容。在各级政府和有关部门的支持下，花儿演唱会和民族贸易交流会结合起来，既方便了群众，又活跃了花儿会。一些文艺团体、民间文学工作者、记者等也参与其中，从花儿中吸取更多的艺术创造素材，各地学者和国内外游人也纷至沓来。

花儿，这支连着西北回族等各族人民心血，表达他们思想感情与愿望的花朵，以其朴素、优美、感人的风格，在人民心中盛开。

四、音乐、戏剧与舞蹈

在对回族音乐的研究中，往往将其追溯至元朝。当时元朝中书省礼部设有常和署（初名管勾司），专门管理回回乐人，“回回乐”中的回回曲、回回犁花院、马合谋当当等构成元代音乐的组成部分。这种源于西域的“回回乐”与今天回族民间的音乐之间也许并没有什么必然的联系。今天具有回族特色的音乐形式寓于大众生活中，如宗教生活中的“宗教音乐”。它不用乐器伴奏，而是以大量的、丰富多彩的歌唱性音调吟咏《古兰经》和赞颂真主。这些曲调因使用场合不同，可分为“呼祷词”、“诵经调”、“赞圣词”、“民俗宗教歌调”等。

口弦是一种小型弹拨乐器，也称“口儿”和“口琴”，在西北回族妇女中很流行，有竹质和铁质两种，并饰有丝碎。口弦演奏简单，只需将口弦置于唇间，利用口腔作共鸣器，改变口型和气流控制音色，同时右手弹拨，便可发出美妙的声响，有“骆驼铃”、“房檐滴水”、“珍珠倒卷帘”等令调。

关于口弦的来历，有一段动人的故事：

某年六盘山区（位于今宁夏西南部、甘肃省东部）遭了大旱，草木干枯，禽兽灭绝，人们也奄奄一息。这时有一位回族姑娘闯进深山，寻找七天七夜，终于找到翠竹丛下的一眼甘泉。姑娘随即折下一根竹子回村报信。当她赶回村时，已渴得张不开口，便用竹片弹出一曲“口弦调”，指点乡亲们找到了救命的水源。

所以回族妇女非常喜欢口弦，口弦的装潢也很讲究，顶端系挂色彩缤纷的丝穗和五色珠子，有的年轻妇女将它拴在纽扣或领口之间当装饰。

回族口弦　（敏昶提供情报）

过去，回族妇女不常出门，与外面联系很少，有心思也不能任意诉说，就用口弦来抒闷解愁；有的姑娘婚事不如意或者思念心上人，就用口弦来抒发心中的哀苦。正如一首歌谣所唱的：

青山头青来蓝石头蓝，清水河畔的牡丹。想起我阿哥真熬煎，口弦子解我的心烦。

除口弦外，在宁夏回族中还流传一种叫“牛头埙”的民族吹奏乐器，民间叫做“泥洼呜”。在临夏等地，有一种深受当地回族和其他民族喜爱的自制乐器叫做“咪咪”，它音调明快、柔慢、风趣、浪漫，还是花儿最好的伴奏乐器。萧萧子、角笛、索勒、羊头弦子、环鼓、羊扇板、环镲等乐器都流行于宁夏。

在戏剧方面，回族虽没有像藏戏那样建立起自己的民族戏剧形式，但从事戏剧表演及创作活动的却大有人在。早在元代，回回人的歌舞就已进入元杂剧的表演体系，如杂剧家吴昌龄《西天取经》里就存有《回回一折》；戏曲剧本集《缀白裘》初集选存的元代无名氏《牧羊曲》戏文第三出、第十八出还有《回回曲》。当时不少回回作家是散曲与杂剧兼擅。如在记载元明杂剧作家和作品名称的《录鬼簿续编》里，就刊出回回曲家七人，如丁野夫、兰楚芳等人。① 明清时期，有关回族戏曲舞台艺术的资料极为少见。在清初著名文人侯方域的《壮悔堂文集·马伶传》中，记载了回族戏曲演员马锦："马伶，金陵善歌者也……马伶名锦，字云将，其先西域人，当时犹称马回回也。"② 马锦因出神入化地扮演严嵩一角而名噪金陵。从晚清时起，许多回族人献身京剧艺术，产生了一批京剧表演艺术家，如王庚生、马连良、哈宝山、侯喜瑞、雪艳琴等。他们为中国京剧事业的改革与发展做出了非常重要的贡献。除演员外，明末清初回族作家马世俊和丁澎都曾作过剧本，有的剧本虽已佚，但时人都曾有过较高的评价。

许多人认为，回族没有舞蹈，其实早在唐代，回族先民就带来了西域乐舞；元代已有了专门的回回乐舞机构，所演乐舞带有浓郁的波斯、阿拉伯风情；到了明代，回回乐舞和我国汉族舞蹈艺术经过长期的融合，形成了别具风格的舞蹈艺术。清代以后，回族处境险恶，乐舞艺术也受到摧残，加之中国伊斯兰教的某些教派的思想与中国传统儒家思想中的封建道德教条相结合，不主张回民"观戏听乐唱歌跳

---

① 邱树森主编：《中国回族史》，银川：宁夏人民出版社，1996 年，第 265～266 页。

② （清）侯方域：《壮悔堂文集》，卷五，《马伶传》。见顾廷龙等编：《续修四库全书》，1406 册，集部，别集类，上海：上海古籍出版社，2002 年，第 16 页。

舞”，在一定程度上也妨碍了回族乐舞的发展，但一些具有民族特色的回族民间舞蹈仍在部分地区流传，如西北地区广泛流行的“宴席曲歌舞”，这种歌舞形式各地略有差异，但都以载歌载舞的方式为主，其动作通常与回族群众的劳动、生活、习俗相关联。如今，一些回族民间舞蹈素材经过加工整理被搬上了舞台，反映了回族人民的生活，并受到回族人民的喜爱。

第四节　中阿合璧的书画与科技

一、书画艺术

1. 阿拉伯文书法

在回族书画艺术中，最有特点的当推“经文书法”，也就是以《古兰经》和“圣训”为主要内容的阿拉伯文书法。它伴随着伊斯兰教传入中国。据岳珂《桯史》中对南宋时广州怀圣寺大殿上阿拉伯文碑刻（“异书”）的描述：“堂中有碑，高袤数尺，上皆刻异书，如篆籀”。[①] 另据陈达生主撰的《泉州伊斯兰教石刻》记载，泉州发现的伊斯兰教建筑石刻多以阿拉伯文为主，最早可追溯到1009～1010年，可见阿拉伯书法在中国的传播，至少也有近千年的历史。

最初，阿拉伯文书法主要用于清真寺的装饰和碑文铭记，其书体基本保留阿拉伯本土书法的原貌，风格上没有明显改变，笔画简洁，结构清楚，被回族称为“洋体”。“洋体”中有受波斯影响而产生的变体现象，这是因为最早来中国的回族先民所带的经典都是以波斯体抄

---

① （宋）岳珂：《桯史》卷十一《番禺海獠》。见（清）纪昀编纂：《景印文渊阁四库全书》，第一〇三九册，《子部》三四五，小说家类，台北：台湾商务印书馆股份有限公司，2008年，第487页。

录的。

阿拉伯文中堂、对联　（杨兴斌摄）

阿拉伯文书法在中国的进一步传播与发展主要借助于经堂教育。在回族的经堂教育中，抄写经典是海里凡（这里专指“学经”的学员）的必修课，而且有时也以写“经”来判识一个阿訇或教长“尔林”①的高低。频繁的抄写活动，为书写技艺的提高创造了条件。加之回族学者阿訇、海里凡等在“洋体”书法基础上不断探究创新，逐渐形成了独具回族特色的阿拉伯文书法。他们从形的方面改变了“洋体”的结构规律，从神的方面打破了字字统一、笔笔齐整的单一形式，利用多变的笔法、同字母异形态的搭配和独具的间架，创造了用圆笔书写的“水笔体”和用扁笔书写的“改兰体”。

2. 经字画

经字画是用阿拉伯文书写伊斯兰教经文、警句的一种艺术形式，由于其文字内容多为经典名言，款式形状又呈图形画意，故称“经字画”。它是阿拉伯书法和伊斯兰艺术在回族文化生活中的具体运用和发展，其特点是既保留了阿拉伯书法固有的风姿，又融汇了汉字书法的布局、间架、笔法、着墨、题款、用印等章法，可谓是中阿合璧。

经字画还采取汉字书法常用的中堂、条幅、对联、横披、扇面、条屏等形式，或写一个词或一个名字作为一幅，或写一句话、一段经文作为一幅。其字的排列可自右至左，也可自上而下，互相交错，体式多变；对联的形式除句法相似、内容相关或相反外，往往写成方块

① 尔林，阿拉伯语词音译，意为知识、造诣。

菱形互相对称。此外，用方、圆、菱、三角、云纹、波纹、多边以及花草、树木、水果、建筑、风景等形状组成的几何艺术字和象形艺术字应有尽有，美妙无穷。

经字画　（敏俊卿提供）

经字画的组编与书写要求严谨周密。书写时虽可夸张、变形、分割或组合，但必须统一协调于一体，要求每一个字、词、句从笔画的粗细、曲直、长短到用笔的轻重缓急，起承转合，都能随势运笔，自然浑成。为此，书写前一定要精心设计，做到既能"以书入画"，又能"书画合一"。

在回族书法艺术中，还有一种是用汉字书写的各种匾额、对联，但内容绝非"招财进宝"、"吉庆有余"、"抬头见喜"之类吉祥话，而是以宣传穆斯林最基本的宗教信仰为主，如"沐浴以洁身"、"寡欲以养心"、"斋戒以忍性"、"去恶迁善，而为修己之要"、"至诚不显，为格物之本"等，这里用儒家的语言，甚至包括佛教的思想来阐释伊斯兰教信仰，从而使回族世代信奉的伊斯兰教带上了鲜明的中国风格和中国特色；此外在一些匾额、对联、条幅中，主体部分用汉字写成，而其与众不同之处在于每个汉字周围都用阿拉伯文环绕，构思巧妙，体现了文学性、艺术性与宗教性的完美结合。

3. 清真寺书法装饰艺术

回族书画艺术的独特性，还表现在清真寺的装饰风格上。由于伊斯兰教反对偶像崇拜，任何人的形象和动物图形都被排除在外，所以几何图形、花卉图案和书法艺术就成为清真寺装饰艺术的主要内容，这就与佛寺、道观、文庙等其他宗教建筑的布置迥然不同。中国清真寺的大殿，无论是华丽，还是淡雅，无论饰以彩画还是素雕，大都清新爽目。清真寺彩画以花卉、几何图案或阿拉伯文为饰，书法艺术主要表现在礼拜的窑壁、梁柱、藻井、抱厦、门窗、围墙、宣讲台以及寺院内的宣礼楼、望月楼、碑文石刻等方面。

以北京牛街礼拜寺为例，阿拉伯文书法装饰艺术可谓琳琅满目：走进大殿，首先映入眼帘的是写有“台斯米”① 的阿拉伯文匾；殿中拱门，四处林立，以堆粉贴金的阿拉伯文饰成，古香古色，闪烁发光；伸入尽处，华丽的窑壁木雕夺眶而入，其阿拉伯文浮雕字体隽秀，章法均匀；两侧镂空木雕窗棂为“真主是掌握品级的”阿拉伯文艺术字，盘根错节，以书入画；再翘首眺望，五颜六色的天花板、藻井，饰以彩绘花卉、博古图案和阿拉伯文赞词。在清真寺的院内，还有两个碑亭，矗立在殿前南北两侧。在碑亭的横楣上，镌刻着阿拉伯文“清真言”②，彩绘点画，积秀可观。像牛街这样古老而又充满书法艺术装饰的清真寺，在全国各地处处可见。

二、科学技术

回族为中华民族科学技术的发展做出了贡献。早在回族先民进入

---

① 台斯米，阿拉伯文音译，意为“命名”、“定名”、“称谓”。这一段阿拉伯文译为“奉普慈今世，特（独）慈后世真主安拉的尊名”，是《古兰经》中首句，也是感恩祈祷时的惯用语。

② 清真言是一段阿拉伯文念词（译为“万物非主，唯有真主。穆罕默德是真主安拉的使者”）。因其是伊斯兰教（我国历史上曾称“清真教”）基本信仰，故称“清真言”。

中国的过程中，即带来了阿拉伯世纪的科学、技术。8～13世纪，由阿拉伯人建立的阿巴斯王朝，是伊斯兰世界最辉煌的时期。在充分吸纳拜占庭、埃及、波斯等文化的基础上，阿巴斯王朝成为可以与中国的盛唐相媲美的文化发达的国家，在许多方面，特别是在科技方面处于世界领先水平。

大食使臣和商人送给朝廷的贡物中就不乏一些药物或具有药用价值的香料，如丁香、龙涎香等。在宋代赵汝适所作的《诸蕃志》中，记录了当时泉州港舶来的各种货物，其中又以香料为大宗，在较为著名的十二种香料中就有七种在当时可做药用。[①] 而五代蜀地的文人李珣，其先祖就是来华经商的波斯人，他本人在诗书之外还兼做香药生意，并对药物颇有研究，著有《海药本草》一书，补充了波斯白矾、莎木面等十五种《唐本草》中没有记录过的药材。虽然此书早已佚失，但在后世的《本草纲目》等药书中也存留了一部分内容，而且从“海药”这个名称来看，记录的还多是海外舶来的药材。[②] 早在元朝建立之初，回回药物、方剂就已传入内地，宫廷和民间都有不少回回医生，他们用高超技术和所谓“回回药物”治病。萨德弥实撰写的《瑞竹堂经验方》全面记载了回回的药物、方剂和关于它们的性能，在民间享有盛誉。此外《回回药方》一书则在书名上就指明了其医药理论来自回回人，其中还有很多阿拉伯语词和波斯语词的汉字音译，其中一些药材、方剂和理论与伊本·西纳[③]的《医典》等伊斯兰世界的医药著作颇有渊源，只是在用药和剂量上按照中国的实际情况做出了调整。[④]

---

① 杨进：《〈诸蕃志〉解读》，载《回族研究》2007年第1期，第15～20页。

② 张俊智、单玉德、宋爱华：《回族药物历史概况》，载《中国民族医药杂志》2000年第2期，第34～37页。

③ 伊本·西纳（公元980～1037年），波斯哲学家、医药学家，生于布哈拉，卒于哈马丹，曾在花拉子模和伊朗工作，著作颇丰，其中以《科学哲学大全》和《医典》最为著名。

④ 杨怀中、余振贵主编：《伊斯兰与中国文化》，银川：宁夏人民出版社，1995年，第263～329页。

元世祖时，从西亚的伊利汗国遣来的回回炮专家阿老瓦丁、亦思马因等，所造“回回炮”（即抛石机）能发射 75 千克重的巨石，比中国原有的抛石机威力大。终元之世，这种造炮技术一直操纵于回回人中。

元代的回回天文学家扎马鲁丁（亦译作扎马剌丁）参考了伊斯兰历法制定的回回历（亦称“万年历”），他还创制了浑天仪、地球仪、经纬仪、斜纬仪等七种天文仪器。元朝政府设立回回司天台，任命扎马鲁丁为提点，即首席天文官，集中了一批回回天文学者进行工作。元人王士点、商企翁《秘书监志》列举回回司天监收藏的波斯文、阿拉伯文书籍多达二三十种，内含天文、历法、数学等学科十多种，古希腊天文学家托勒密的名著《天文学大成》、欧几里得的《几何原本》、摩洛哥天文学家哈桑·马拉喀什的《罕里连窟允解算法段目三部》等都在其列。到了明代，在官方天文部门中供职的还有很多来自西域的回回人，如明洪武年间设有回回钦天监；而明惠帝时（1398～1402 年）撤销了回回钦天监而改为在钦天监中设立回回科。据考证，回回天文学家马德鲁丁在洪武二年（1369 年）携三子来到中国，其子马沙亦黑、马哈麻都可能参与了《明译天文书》的编译工作，而其家族也因为在天文学上的功绩而得以被皇帝赐姓为“马”。[①] 此外，“回回历”一直在钦天监中沿用到清康熙八年（1669 年）才被传教士汤若望、南怀仁等人带来的“西洋历”所完全取代。[②]

晚晴福建泉州回族丁拱辰（1800～1875 年）自小酷爱天文、机械，后出国到菲律宾、伊朗等地游历、谋生，回国后研究西洋火炮、

---

① 杨怀中、余振贵主编：《伊斯兰与中国文化》，银川：宁夏人民出版社，1995 年，第 182～197 页。

② 见赵尔巽等撰：《清史稿》，卷四十五，《时宪一》：“（康熙）八年三月，授南怀仁钦天监监副……于是大统、回回两法俱废，专用西洋法，如顺治之初。”见顾廷龙等编：《续修四库全书》，295 册，史部，正史类，上海：上海古籍出版社，2002 年，第 483 页。

火车等机械原理，先后写成《演炮图说》、《演炮图说辑要》、《演炮图说后编》、《西洋军火图编》。在《演炮图说辑要》一书中，丁拱辰还附上了西洋“火轮车”和“火轮船”两幅图，这在中国尚属首次，他自制的小火轮车内部蒸汽机剖面图也属中国首创。丁拱辰所生活的年代适逢鸦片战争，他本人并没做官，只能在1842年将《演炮图说》托同乡呈送给朝廷。[①] 可以说，丁拱辰正是中国处于酝酿变革、开始走向世界的转折时期回族科学家的代表。

新中国成立后，回族中涌现出一批科技创新人才。在中国科学院、中国工程院院士中，共有回族四位，他们是：有机化学家蒋锡夔（1929～），1991年当选中国科学院院士，上海有机化学所研究员，获2002年国家自然科学奖的一等奖、1982年国家自然科学奖的三等奖、1992年国家自然科学奖的三等奖；物理学家刘广均（1929～），1991年当选中国科学院院士，清华大学工程物理系教授，铀同位素分离技术专家，获1985年国家科技进步一等奖、1987年获得国家科技进步二等奖；昆虫学家张广学（1921～2010年），1991年当选中国科学院院士，中国科学院动物研究所研究员，著名蚜虫学家，曾获国家科技成果一、二、三等奖各一项；医学家王士雯（1933～2012年），1996年当选中国工程院院士，老年心脏病学和老年急救医学专家，获国家科技进步奖一项。

---

① 王锦光、闻人军：《中国早期蒸汽机和火轮船的研制》，载《中国科技史料》1981年第2期，第21～30页；黄天柱、蔡长溪、廖渊泉：《中国近代军火科学家丁拱辰》，载《福建论坛》1982年第1期，第81～83、80页。

第四章

道一声“色俩目”

“色俩目”一词是“安色俩目尔来库目”的缩略形式，这是一句阿拉伯语的音译，意思是“求主降平安给你”。而回答时要说“吾尔来库木色俩目”，意思是“亦求主降平安于你”。互道“色俩目”是回族的一种重要而经常的礼仪，同时还要互相握手。有些地方的回族在致“色俩目”时，右手置抚胸前，腰微微前躬，表示从内心敬重对方；有些地方的回族在致“色俩目”时，双手抱拳或平扬双手，表示亲切庄重；还有的回族在致“色俩目”时，相互伸出右手相握，也有将左手抚在对方右臂上的，意为关系非常密切，亲如一家。

道“色俩目”礼节不仅是回族的一项日常礼俗，也是一种来源于伊斯兰教的习惯。《古兰经》强调人与人间互相祝福的重要性——“有人以祝词祝贺你们的时候，你们当以更好的祝词祝贺他，或以同样的祝词回答他……”①。这一宗教色彩浓厚的问候语，正可窥见伊斯兰教对回族文化的重要影响之一斑。伊斯兰教的基本教义和礼仪，对回族日常生活中饮食、婚姻、礼节、居住模式和岁时节日等方面都有潜移默化的影响，因此有时往往人们不容易区分哪些是宗教的、哪些又是民族的，历史上也曾经称伊斯兰教为“回教”。尽管伊斯兰教在回族的

① 《古兰经》第四章第 86 节。

形成过程中确实起到了纽带作用，但作为民族的“回族”与作为宗教的“伊斯兰教”还是不能混淆的。

第一节 来自“天方”的宗教

回族信仰伊斯兰教，而天方[①]又是全世界穆斯林礼拜的朝向和朝觐的中心。从公元7世纪中叶开始，东来的回回先民就将伊斯兰教带到中国。在漫长的历史过程中，伊斯兰教逐渐具备了民族特色，成为回族民族思想文化中的重要内容，对回族的形成和发展起到了纽带作用。

一、伊斯兰教的基本信仰

伊斯兰世界虽然教派林立，各派穆斯林尽管在某些具体的礼仪上有细微的差别，但其基本信仰原则仍是一致的，概括起来就是伊斯兰教的“六大信仰”，即信真主、信天仙、信使者、信经典、信后世、信前定。

1. 信真主安拉

这是六大信仰的核心，是其他五大信仰的前提和基础。穆斯林认为，安拉[②]是宇宙万物的创造者、恩养者、主宰者和受拜者，具有无形象、无方所、无比似、无配偶、无所在而又无所不在、不生而又不被生的神圣属性，超然绝对，自在永恒；安拉全知全能，大仁大慈，并且能够支配一切而又不被一切所支配。

《古兰经》中说，安拉在六日内创造了世界万物和人。[③] 人是由安

---

① 明代史籍中多称麦加或阿拉伯地区为“天方”。伊斯兰教始传于麦加，兴起于阿拉伯地区，故在一些中国的历史文献中伊斯兰教也被称为“天方教”。

② 安拉，阿拉伯语音译，汉语意译为“真主”。

③ 见《古兰经》第十章第3节：“你们的主确是真主，他曾在六日内创造了天地，然后升上宝座，处理万事。”

拉用泥土制造的，当安拉把人形造得完备时，就向他吹一口气，就使他具有了精神，世界上第一个人就是人祖阿丹。[①] 人能够认识真主，并崇拜真主，所以人在真主的所有被造之物中是最高贵的。因此，伊斯兰教的基本要求就是需要穆斯林绝对信仰安拉，不能有丝毫的动摇，一切服从安拉。

回族穆斯林对真主安拉具有绝对信仰，有句回族谚语说："不信真主，后世里受苦"。一些地区的回族用举起右手食指的方式表示坚持"真主独一"，以宣誓自己的"伊玛尼"[②]。有的回族在起誓时，也以这种"起指"的方法表示誓言的庄严性。

2. 信天仙

按照《古兰经》中的说法，天仙是安拉以"光明"为材料创造的一种"妙体"，不分性别，不具肉体。天仙唯安拉之命是从，且分很多职能：有的管理天堂或地狱，有的呼风唤雨，有的专管恶魔等。人类的行为也无时无刻不被天仙记录着——在每个人的左右也伴随两个天仙，右边的记录善行，左边的记录恶迹，一切功过、善恶，都有天仙观察，这些记录将在末日时被呈献出来。

伊斯兰教强调信仰天仙的存在，但绝不允许崇拜天仙，如果把天仙和真主等同起来就是"以物配主"的叛主行为。相反，在《古兰经》的故事中，真主要众天仙向人祖阿丹下拜，但混在天仙里的恶魔易卜劣斯拒绝服从真主的命令，易卜劣斯认为自己是真主从火中创造的，不应该对由黑土造化的阿丹下拜。由于违抗真主的命令，恶魔被逐出天园，从此他处处与人为敌。在回族的日常用语中，讲到"恶魔"之类话题时常用"易卜劣斯"这个词，一些老人也以该称呼吓唬或训斥

---

① 关于阿丹的故事，见《古兰经》第二章第 30～39 节、第七章第 11～25 节、第十七章第 61～65 节、第十八章 50 节和第二十章第 115～124 节等。

② 伊玛尼，阿拉伯语词的音译，意为"信仰"。

小孩，在礼拜中也会念“求护词”请求真主保护自己免受恶魔的诱惑。

3. 信使者

使者是安拉派到人间的代表，他们既是伟大的先知，也是安拉的忠实仆人。穆斯林相信，安拉在不同的时期向不同的民族都派遣过使者，他们受到安拉的“启示”，负有传布宗教信仰的神圣使命。据说安拉共已派遣315名使者，《古兰经》中提到名字的有28位，其中有最著名的六位是：阿丹、努哈、伊卜拉欣、穆萨、尔撒和穆罕默德，而穆罕默德又是各位使者中的集大成者，也是安拉派遣的使者中的最后一位，所以被称为“封印使者”。信使者与信安拉同样重要，是同一信仰的两个方面。信使者也就是为了信安拉，与使者背约，也就背叛了安拉。

回族对伊斯兰教著名使者的名字非常熟悉，其中的伊卜拉欣、穆萨、尔萨等也是取“经名”时最常用的名字。

4. 信经典

穆斯林认为，安拉曾在各民族中先后下降过104部经典，但《古兰经》中只提到了其中的四部，即通过穆萨下降的《讨拉特》（即《旧约》）、通过尔萨下降的《引支勒》（即《新约》）、通过达吾德下降的《宰逋尔》（即《大卫诗篇》）和通过穆罕默德下降的《古兰经》。这些经典是真主的“启示”，回族使用中国化的词汇称其为“天启的经典”。

《古兰经》共有114章、6236节，以622年（伊斯兰教历元年）先知穆罕默德从麦加迁徙到麦地那这一重要事件为界，分为“麦加章”和“麦地那章”两类：前者侧重于阐述真主的存在和独一性以及人的使命、末日审判等内容；后者大部分内容是具体的立法措施，涉及政治、经济、教育、婚姻家庭、法律建设、军事、外交等。

一般回族家庭都备有《古兰经》，并将其放在干净、尊贵的地方，通常没有大、小净者是不得触摸《古兰经》的。一些清真寺中会用阿拉伯语教授群众诵念简短的《古兰经》章节，在回族中被称十八段“索赖”[①]。阿拉伯文的《古兰经》章节也会以书法作品的形式出现在回族人家中作为装饰。

5. 信后世

伊斯兰教认为，今世短暂，而后世长存，只有后世是人们的真正归宿。世界终将有一天要毁灭（即末日），此后一切生命都会停止，接着在世界上生活过的所有人都将复活，安拉将会根据各人在世上的行为进行裁判，行善者进入天园，作恶者堕入火狱。按《古兰经》中的说法，天园里到处都是清清的流水和蜜泉，没有严寒和酷热，人人都是幸福的，烦恼和痛苦在这里是不存在的；而地狱则是阴森可怕的，那里是作恶多端者的“永居”之地，他们将饱受大火长年烧灼的痛苦刑罚。

伊斯兰教重后世，但并不主张禁欲主义，告诫在人们追求后世幸福的同时也要享受今世的生活，现世的物质利益和现实生活不应该被抛弃，这种思想构成了回族“两世吉庆”的价值观。关于如何在今世寻求后世幸福这一问题，《古兰经》上的答案是“信道而且行善”[②]。回族的伊斯兰学者又在“信道行善”之外加上“去私”，把三者的统一看成是寻求后世幸福的重要途径和基本条件；同时又把寻求后世幸福的过程，看做是实现人生价值的最佳过程。此外，回族穆斯林还用“是不为也，非不能也”的警句来教育后代，认为只要真正做到“信道、行善、去私”，思想上信仰真主，行为上遵从真主的命令、远离真主的禁止，实现后世的幸福是不难的。

---

① 索赖（surah）：《古兰经》编排的篇章称谓，亦译“苏拉”、“苏赖”。阿拉伯音译，意为“章”。

② 参见《古兰经》第十四章第 23 节：“信道而且行善者，将蒙主的允许而进入那下临诸河的乐园，并永居其中，他们在乐园里的祝词是‘平安’。”

6. 信前定

伊斯兰教宣传“后世”的长久，但同时又认为现世的一切都是安拉的安排，即所谓“前定”。《古兰经》上说，人间的富贵和贫穷都是安拉安排好了的，而且安拉已注定了每个人的寿限，不得到安拉的允许任何人不会死亡。总之，包括自然和社会秩序在内，现世的大事小情，都是由安拉安排定了的。但是“信前定”并不妨碍对人的行为作为赏善惩恶的判断。安拉根据自己的意愿，或对人进行帮助，或使人孤立无援，人们只有服从和勤勉。

信前定并不否认人们有意志自由，也不剥夺人们自我选择的权利。清代回族学者马注将其归纳为“前定如大海，自由如舟楫，事因若风涛。无大海自无舟楫，是前定不离自由，无舟楫不显大海，是自由不出前定”①，主张人们应该利用自己的理智判断善恶，选择信仰；每个人都要对自己的言论、行为负责。

二、伊斯兰教的功课和礼仪

除强调思想上的信仰外，伊斯兰教还规定了一系列的宗教礼仪和功课，将精神信仰上升到实践的层面上，主要功修包括：念、礼、斋、课、朝五项，中国回族学者称之为“五功”。

1. “念”功

这是穆斯林公开宣称信仰的行为，也就是对伊斯兰信仰的“口舌招认”，其中一个重要的行为是用阿拉伯语念诵“作证言”：“我作证，万物非主，只有安拉，他独一无二；我作证，穆罕默德是主的使者。”“作证言”是一切赞词中最尊贵的一段，在诸如礼拜等宗教活动中都要念诵，以示对安拉的感激之情，并通过念诵将教义铭刻在心。任何人

---

① （清）马注著，余振贵点校：《清真指南》，卷二，《前定》，银川：宁夏人民出版社，1988年，第67页。

只要承认和念诵这一证言，并当众表白，即可成为穆斯林。

除“作证言”之外，回族穆斯林还经常用阿拉伯语念诵“清真言”：“万物非主，唯有安拉；穆罕默德是主的使者”。这是伊斯兰教信仰的根本宣言，无论老少，都要学会用阿拉伯语念诵这段“清真言”，以表白自己信仰的坚定。

2.“礼”功

亦称拜功。阿拉伯语称“撒拉特”，波斯语称“乃玛孜”。礼拜，是穆斯林向安拉表示归顺、感恩、赞颂、祈求、忏悔的一种宗教仪式，包括六项仪则：抬手、端立、诵经、鞠躬、叩头、跪坐等。

礼拜并非随时随地都可进行，而是伴随着相应的清洁仪式和条件，其成立有六项前提，即“水净、衣净、处所净，举意、认时、朝向正”。穆斯林在礼拜前必须先做净礼，也就是沐浴，又分为“大净”和“小净”，其适用的范围以及沐浴的部位、顺序、次数都有严格规定；除自身清洁外，还需要礼拜时穿戴的衣服和礼拜的处所没有血液等污物，也就是做到“衣净”和“处所净”；“举意”是说要在心中立下礼拜的意向，即做到“虔诚为主”而不是叩拜除真主以外的事物；“认时”是说礼拜必须在规定的时间段进行，不能提前也不能延后；“朝向正”是指礼拜的朝拜方

礼拜的回族小女孩　（CFP 提供）

向，即天房“克尔白”的所在地麦加，因麦加在中国的西方，所以中国穆斯林的礼拜朝向一般是西方。

按照伊斯兰教的规定，穆斯林每日必须面朝克尔白做五次礼拜，即晨礼、晌礼、晡礼、昏礼和霄礼，一般分别用波斯语词音译邦达、撇什尼、底盖尔、沙目和虎夫滩称之。晨礼在拂晓至日出前进行，所以每当凌晨，回族聚居区的清真寺中都会宣“邦克”，即为召唤教众前去礼拜而诵念的召唤词，回族需要早早起床沐浴，在黎明前赶往清真寺或在自家中准时礼拜；晌礼在刚过中午至日偏西之间举行；晡礼在晌礼后至日落前进行；昏礼在日落至晚霞消失前进行；宵礼从霞光完全消失至次日拂晓前进行。

除每日的五次礼拜外，回族穆斯林每星期五还要举行一次“主麻”聚礼，每年开斋节和古尔邦节要举行集体会礼。主麻聚礼的时间与晌礼一样，却必须由阿訇领拜，内容有礼拜、诵经、讲卧尔兹[①]等。有些回族穆斯林由于上学和工作的原因不能参加每天五次礼拜，但通常会参加聚礼和会礼。

3．“斋”功

亦称封斋、把斋、闭斋，是阿拉伯语词“索姆”的意译。伊斯兰教规定，伊斯兰教历每年的九月（即赖买丹月），必须谨守一个月的斋期。在此期间，穆斯林每日黎明前进食，日落后开斋，其间的整个白天内不饮不食、禁房事。斋戒的目的是磨炼意志，锻炼忍耐精神，借此加深对真主所赐饮食给养的感谢；同时用体会饥饿的方式去体恤饥寒贫困者，也能戒除生活上的贪欲，即“清心寡欲，专事真主”。

4．“课”功

亦称天课，是阿拉伯语“则卡特”的意译，本意为“洁净”，引申

① 卧尔兹：伊斯兰教宣教的一种方式，阿拉伯语词音译，意为“劝导”、“训诫”、“教诲”、“讲道”、“说教”，指聚礼和会礼时的宣教讲演。

为通过交纳天课使个人财产更“洁净”。这是伊斯兰教法定的宗教赋税，也可以称为“济贫税”。天课最初由施舍发展而来，是穆罕默德传教初期，为调和贫富之间的对立劝说财产丰富者向穷人施舍的方式，当时是一种自愿的善行。公元623年，也就是穆罕默德迁往麦地那的第二年，纳天课被奉为真主的“天命”，成为一种义务，因此与施舍区别开来，但施舍仍然被视为可嘉的“善功”。

天课要按财产比例来缴纳：商品和现金是生活盈余的2.5%，农产品是生活盈余的1/10～1/20不等。天课在历史上曾经一度为哈里发政教合一国家向穆斯林大众征收的赋税，近现代在各个国家和地区征收情况不一。回族的天课一般是每年向清真寺交纳供阿訇、满拉的生活费用的“学粮”、开斋节时按家庭人口计算交纳固定的“开斋捐”，还包括平日对穷人的施舍等。

5.“朝”功

亦称朝觐，阿拉伯语称“哈吉”或“哈只”。伊斯兰教规定，凡身心健康的穆斯林，不分性别，在经济条件允许和路途平安的情况下，一生中至少应前往麦加参与一次朝觐。如果路途遥远或贫困无力，也可免朝，改为在家孝敬父母、敬主礼拜，称为“心朝”。凡朝觐过的穆斯林，都可获得“哈吉”的称号。

朝觐分为“正朝”和“副朝”。“正朝”，亦称“主命朝”、“大朝”，是在伊斯兰教历12月8～12日集体朝拜麦加的克尔白的活动。除朝觐季节外，随时进行的其他朝觐活动被称为“副朝”，亦称“小朝”、“巡礼”。

朝觐活动有一整套程式：首先要在规定的地点“受戒”，包括沐浴、穿戒衣（主要是男子，女子则不必）等；其次为“转天房”，即围绕克尔白绕行七圈；随后瞻仰“易卜拉欣立足处”、去渗渗泉饮水；接着便是“奔走”，即在两个小山之间往返奔走七次；此后已到“正朝”

朝觐时环游天房仪式　（敏俊卿提供）

期间，仪式是在米那山礼拜并宿夜，而后进驻阿尔法特山，在此举行集体庆祝大典，时为伊斯兰教历 12 月 9 日，次日便是宰牲节，朝觐活动达到高潮。

由于中国与麦加相隔千山万水，且受社会环境、财力等限制，历史上回族朝觐者很少。如今回族人民生活水平有所提高，政府亦允许自费朝觐，于是回族朝觐者也在逐年增多。朝觐者在回族中享有殊荣，朝觐者归来时，都会受到穆斯林亲友的隆重接待，一些回族聚居区每年都要举行接送“哈吉”的仪式。

总之，伊斯兰教的基本信仰和功修，对回族的思想及社会生活产生了重要的影响。但回族的社会生活及文化风俗，一方面要遵循伊斯兰教的基本原则，另一方面还受到国家的法律和世俗伦理道德规范的约束，特别是传统的“三纲五常”封建教条的影响。对此，回族译著家结合伊斯兰教律和回族社会的实际，将“三纲五常”概括为与伊斯兰教"天命五功"并重的"人道五典"。清初的回族学者刘智将其概括为:"人伦之礼，本乎三，尽乎五。三者，男女也，尊卑也，长幼也。五，则君臣、父子、夫妇、昆弟、朋友也。"[①] 在回族思想家的笔下，"人道五典"的内容排列，与儒家各有侧重。儒家宣扬"君为臣纲"总揽一切，回族则突出"代天地育人"的夫妇关系，将其居于五典最前列，提到顺"天命"的高度。其理由是"有天地而后万物生，有男女而后人类出"。[②] 刘智曾这样讲述:"有夫妇而后有上下，在家为父子，在国为君臣，有上下而后有比肩，同出为兄弟，别氏为朋友，人伦之要，五者备矣。"[③] 对于父子、兄弟、朋友的关系，回族强调父母要培养子女成才，子女应对父母孝敬，并要认真学习宗教学问和生计知识，以不辱父母的培育；兄弟之间要和睦相处，认为"兄弟义共，天下与颂；兄弟义畔，天下好成"[④]，严厉谴责兄弟不和，骨肉相残；人们在世俗生活中不可能不交结朋友，但必须慎行"交友之道"，同时要推己及人，泛爱芸芸众生。对于君臣之道，回族同样高度重视，认为君主代理安拉治理天下，体现安拉对下民的仁慈。因此要求臣僚下民无保留地效忠君主，赞颂安拉时，不忘为君主祈祝。但是根据伊斯兰教律，穆斯林除礼拜唯一真主安拉外，严禁以物配主，从不向任何人物、偶像或其他象征标志顶礼膜拜。因此，忠于主，是回族的基本信仰和最高理念；忠于君，则是对回族在中国封建社会中的基本政治要求。

总之，回族的伊斯兰教，虽源于"天方"的传统的伊斯兰教，但

---

① (清)刘智著，张嘉宾、都永浩点校:《天方典礼》，卷十，《五典一·总纲》，天津:天津古籍出版社，第115页。

② (清)刘智著，张嘉宾、都永浩点校:《天方典礼》，卷十，《五典一·总纲》，天津:天津古籍出版社，第114页。

③ (清)刘智著，张嘉宾、都永浩点校:《天方典礼》，卷十，《五典一·总纲》，天津:天津古籍出版社，第114页。

④ (清)刘智著，张嘉宾、都永浩点校:《天方典礼》，卷十，《五典一·总纲》，天津:天津古籍出版社，第141页。

在其中国化的过程中，也经历了与中国传统文化相互融合的漫长过程，并形成了回族特有的文化传统和信仰礼俗。

第二节　别具风情的“教坊”

回族遍及中国，并衍生出特有的教坊组织，使处于“大分散”状态的回回民族能够结成相对聚居的社区。教坊通过种种信仰的仪式和制度，形成一种社会联结的纽带，不仅把回族穆斯林统一在伊斯兰文化的生活方式之下，也使回族各种文化习俗世代传承下来。

所谓“教坊”，亦称寺坊，是以清真寺为中心的穆斯林聚居区，也是穆斯林社会的基层单位，一般称为“坊”。坊的规模不一，有以一村、一镇或一条街道为一坊者，也有数村为一坊者；坊与清真寺的关系也不固定，有一坊一寺者，也有数坊一寺者。每个寺坊的人数亦多寡不一，大坊可能有近百户甚至上千户人家组成，小坊一般只是十几户或几十户。所有在同一座清真寺参加宗教活动的人，都是该寺的“高目”① 或称“哈宛德”②，而且常常世代居住。每个教坊自成一个独立的行教单位，教坊与教坊之间一般互不隶属。同时，教坊不是地方政府的一级行政区划单位，故与地方各级政府也不存在隶属关系，属于根据回族宗教信仰和居住格局而结成的社会基层组织形式。

一、教坊的普遍性

回族有1000多万人口，分散于各地，教坊也自然遍及全国，如回族在每个省、市、县、乡的往往都集中在一个或几个固定的区域，在

---

① 高目（Qawm）：伊斯兰教称谓用语。阿拉伯语词音译，意为“民众”、“教众”、“宗族”。中国通用汉语的穆斯林用以指清真寺教坊的教众，以表示内部团结、友爱的关系。

② 哈宛德：波斯语词音译，意为教坊内的教众。

农村形成的回族乡、村、营，在城镇形成回族街道、区、巷等，前者如银川的纳家户村、云南的纳家营，后者如北京的牛街、呼和浩特的回民区等。当然伴随着城市化的节奏，一些原来属于乡村地带的回族聚居区被纳入城市的范畴中，但由于教坊这一组织形式的存在并没有像其他被并入城区的村落一样逐渐解体，而是形成了民族特色浓厚的新社区，典型的例子就是北京的常营。

在甘、宁、青的一些地方，回族聚居区直接称为“坊”，如临夏市的“八坊”、宁夏吴忠市东风乡的“牛家坊”等。有些地方还以“寺”代称回族聚居区，如下面的几个地名：宁夏贺兰县西湖乡的“大礼拜寺”、银川市郊区的“小礼拜寺”、吴忠市东风乡的“华寺”等，这些回族的地方就是典型的教坊，在这些地名中“寺”与“坊”意思相同。一些回族教坊的名称是根据回族姓氏命名的，如马家湾、丁家村等。有些小聚居区的名称是从元朝回回人参加“探马赤军”屯戍时就开始流传下来，具有浓厚的军事意味，特别是现在全国的回回营、回回寨等地名。

在回汉杂居的农村，回族人往往在一起居住，形成本民族聚居的现象，坊的结构非常明显。在回族聚居区内，回族也在日常生活中称自己居住的区域叫“坊”，如“本坊发生了什么事”、“坊上的事情怎么办”等。随着社会的发展，回族教坊与外界的联系日益密切，但其特有的回族伊斯兰文化特色则始终未变。

二、教坊的发展史

教坊是由唐宋时的蕃坊逐渐演化而来的。唐宋时期来华的穆斯林蕃客，由于其宗教生活的需要及侨民身份，多聚集而居，政府还专门给他们划拨留居区域。于是回回先民们在其留居地修建了我国最早的一批清真寺和穆斯林公共墓地。这样，唐宋时沿海各主要商埠就出现

了一个个的蕃客聚居区和一座座礼拜寺，这些蕃客聚居区就是蕃坊。蕃坊内有政府委任的蕃长，其责任是掌管蕃坊内公务，为政府“纳舶脚”（收税）、“禁珍奇”（查缉违禁品），还有负责招揽外商进巷事宜的义务，同时还要掌管坊内伊斯兰教务，充当“哈的”（教法执行官）裁决穆斯林之间的诉讼。可以说，唐宋时代的蕃坊是政教合一、拥有一定司法自治权的侨民社团组织。

与唐宋时的穆斯林蕃客相比，大多数回回人在元代的身份已不再是侨民，而是长期定居下来，他们在中国居住的范围更广泛了，清真寺的数量也远远超过了之前的规模。据元至正八年（1348 年）河北定州《重建礼拜寺记》记载：“（回回）今近而京城，远而诸路，其寺万余俱西向以行拜天之礼……”[①] 又据许有壬《西域使者哈扎哈津碑》说：“我元始征西北各国，西域最先内附，故其国人柄用尤多。大贾擅水陆利，天下名城巨邑，必居其津要，专其膏腴。”[②] 由此看出，元时的回回人主要聚居在繁华的城镇，尤其是生意兴隆的商业中心及交通沿线。

由于元代入居中国各地的穆斯林甚多，故政府许以本俗处理群体内部事务，在穆斯林聚居之地设“哈的”一职，由精通法律和教理的学者担任，其责任是依据伊斯兰教律断决回回人内部的纠纷、诉讼。政府还在中央设“回回哈的司”，专掌穆斯林的宗教事务及刑名、词讼、户婚、钱粮等事。后来，回回哈的司虽然被废止了，但在民间仍有哈的、掌教存在，回回穆斯林聚居区内部的宗教活动并没有被干扰。由于共同的宗教信仰和宗教生活，回回穆斯林开始形成以清真寺为中心的组织形式，并逐渐向由阿訇掌教的教坊制过渡。

---

① 余振贵、雷晓静主编《中国回族金石录》，银川：宁夏人民出版社，2001 年，第 15 页。

② （元）许有壬：《至正集》，卷五十三，《西域使者哈扎哈津碑》。见（清）纪昀编纂：《景印文渊阁四库全书》，第一二一一册，《集部》一五〇，台北：台湾商务印书馆股份有限公司，2008 年，第 379 页。

回族共同体形成后，“大分散、小聚居”的分布格局也随之成形。在遍及全国各地的各个“小聚居”区域内，回族人采取了以清真寺为中心、集中聚居在清真寺周围的教坊制居住模式。清真寺成为教坊中的宗教、文化和社会生活中心，既是大众完成拜功的地方，也是公议大事、举行聚会和传递信息的重要场所。在教坊中，伊斯兰教不仅是一种宗教意义上的信仰体系，还是一种社会文化和社会思想体系，具体地决定着回族穆斯林社会的习惯法体系和经济生活方式，影响着回族社会与个人生活的方方面面，形成了回族特有的伊斯兰文化圈。因此，在城乡穆斯林小集中的情况下，教坊这种组织形式就更为普遍，回族穆斯林因宗教生活而形成的一些文化习惯也逐渐确立，这也使教坊的内容更加充实、完善，特点更加突出。

三、教坊的中心——清真寺

清真寺是教坊的核心。清真寺不仅是重要的宗教活动中心，也是日常生活和仪式的场所，比如，回族群众的婚丧嫁娶和屠宰食用禽畜等活动多选择在清真寺进行。因此，清真寺成为回族信仰的物质表现，同时在现实中的生活也有路标功能。

清真寺的建筑和场所需要一些必要构件，包括：第一，有一个宽敞而封闭的院落，院中有沐浴室等配套设施；第二，寺内的礼拜大殿及“米哈拉布”①，能够提供礼拜的场所，并能指示礼拜的朝向；第三，清真寺屋壁上装饰各种几何纹和植物图案，并备有阿拉伯文书写的《古兰经》、“圣训”铭文。

回族是从何时开始修建清真寺的？尚无定论，但应在唐宋两代，这样算来也已有千年左右的历史了。清真寺已成为回族生息发展的凝

① 米哈拉布（mihrab）：伊斯兰教清真寺礼拜殿设施之一，阿拉伯音译，意为“凹壁”、“窑殿”。设在礼拜大殿后墙正中处的小拱门，其方位朝向麦加克尔白，以标志礼拜的正向。

固的时代断面和立体文献，虽然不能言说，但也倾诉着回族在诸多地域、不同时代的变迁和发展。唐宋时期，回族先民在中国的东南沿海地区兴建了第一批礼拜堂、清真寺，所采用的砖石结构、平面布置、外观造型和细部处理方面，均顺应阿拉伯式样，受中国传统木结构建筑影响较小。如创建于宋代的广州怀圣寺为完全的阿拉伯式寺院建筑。到了元代，清真寺建筑中的中国化尝试则趋于大胆，许多清真寺保留阿拉伯形式基础上，已开始吸收中国的建筑风格。如现存杭州真教寺和定州礼拜寺除后窑顶采用砖砌圆拱顶外，其平面布局和木结构体系均为“中国式”的，是阿拉伯式建筑向中国式建筑的过渡形式或称中西混合形式，从而丰富了中国建筑的艺术宝库，展现了回族文化发展初期的建筑风格。

随着时间的推移，回族文化日趋成熟，伊斯兰风格和中国传统建筑风格的交融在清真寺建筑上体现得越加明显，从而在明清时期，形成中国特有的清真寺建筑体系——既不同于阿拉伯清真寺，又迥异于佛道庙观，主要特征是：

第一，采用中国传统的四合院式建筑风格，往往沿一条中轴线依次布置若干建筑，形成一组完整的室间序列，寺内最后为坐西面东的主体建筑礼拜大殿，殿前两侧为南北厢房，寺门正对大殿，中以甬道相连。第二，以木结构楼阁式建筑代替阿拉伯尖塔式邦克楼，采用中式大木起脊式屋顶，代替了阿拉伯式礼拜殿的尖顶或圆顶。第三，在室内装饰方面，阿拉伯风格和中国传统手法交相使用，做到了水乳交融。如礼拜殿内阿拉伯文字的楹联、匾额、藻井图案，以及重点部分“米哈拉布”处的装饰、券门之使用等，均以中国传统的材料、色彩及手法，融汇伊斯兰艺术特色，完成了符合清真寺要求的风格独特的艺术构思。另外，一些地方对清真寺庭院进行富有中国情趣的艺术处理，遍植花草树木，堆砌山石，立碑悬匾，掘地架桥，使寺院环境在肃穆之中又显得清新爽目，反映了回族“两世吉庆”的观念。

清真寺在建筑风格上的变化反映了回族文化在中国的发展过程。如今，回族在新建清真寺中非常注重其文化风格中的伊斯兰色彩，许多新建清真寺直接引用或借鉴阿拉伯建筑形式。这些阿拉伯式建筑以其绿色或蓝色圆拱顶为显著特征，有的殿顶为一大浑厚饱满的圆顶，有的为一大四小的一组圆顶。这样既表明回族在宗教信仰上的特殊性，又体现出强烈的民族认同感。

四、教坊的管理组织

教坊的回族穆斯林居民一般都属于某个教派或门宦，当然杂处的情况也不少。各教坊之间原则上互不隶属。教坊的掌教者为阿訇或开学阿訇，也称为教长或伊玛目，大多经过协商选聘。教坊一般设有管理机构。各地回族地区的教坊管理组织形式大体一致，但有两种称谓：

一种是“学东会”或“乡老会”，甘、宁、青、云、贵、川等地大多使用这种称谓，管理组织由数名“乡老”组成，为首的乡老又称为“学东”或“学董”，也有叫做“主事乡老”或“乡老头”的。“学东”或“学董”的称谓显然与明中叶以后兴起的经堂教育有关，当时开办和发展经堂教育被视作教坊内部的头等大事，寺坊回族群众往往推举本地的巨商富户，作为经堂学校的“东家”，以钱财资助经堂学校。后来清真寺的主事乡老一直袭用这个称呼。

另一种是“社头会”，陕西、华北等地回族教坊多用此称谓。管理机构由社头数人组成，其中为首者称为总社头。

教坊管理组织主要负责管理教坊内清真寺的日常事务、财产、文物、房屋维修和公益产业，以及本坊穆斯林的殡仪和公墓，选聘开学阿訇，决定经堂学校的学生招收等，有时也承担调解本坊穆斯林居民纠纷的任务。

过去，在有些地区有“海乙寺”（即中心大寺）管辖若干“稍麻寺”（即小寺）的情况，稍麻寺坊的居民在主麻日和开斋节、古尔邦节都到海乙寺参加聚礼或会礼。在西北地区，有些门宦教派存在一种教坊制的扩大形式，即各寺阿訇的任职和寺务均由各该门宦的教主或“热伊斯”[①] 委派和统一管辖。在当代，各地教坊的管理机构已普遍改为清真寺民主管理委员会，其成员及其负责人均由本坊内的居民协商选举产生。

五、回族穆斯林与教坊

教坊内的回族穆斯林具有一定的权利，如赴本教坊清真寺沐浴礼拜，参加聚礼、会礼等集体性宗教活动，送子女到清真寺接受经堂教育，使用清真寺的某些设施以及邀请教职人员为自己和家庭举行宗教仪式等；另一方面，教坊内的穆斯林也必须坚持信仰，身体力行宗教功课，遵守宗教规定，并维护教坊的公共利益，此外还有捐赠寺费、学粮和参加清真寺义务劳作等义务。

各教坊一般都存在成文的或不成文的“坊规”，作为乡规民约的一种形式，要求本坊穆斯林遵守。各教坊“坊规”内容不尽相同，但基本会包括一些内容，如：虔诚敬主，遵经尊圣，遵守教法教规，禁酒、禁赌、禁烟等。有些地区的教坊也会专门规定一些事项，如提倡婚姻中轻财礼、丧事简办等等。清康熙年间（1661～1722），著名回族经师马注制定坊规“诫律”十条[②]，并报请官府颁行到云南各地，供穆斯林教坊施行。这十条戒律是：端学习；择教领；敦礼让；助婚丧；清常

① 热伊斯（Ra’ is）：中国伊斯兰教教职称谓。阿拉伯语词音译，愿意为“主席”、“首领”。指一些苏非门宦的教主的区域性代表。

② （清）马注著，余振贵点校：《清真指南》，卷十，《诫律十条》，银川：宁夏人民出版社，1988 年，第 428～437 页。

住[①]；待远客；厚师礼；慎蒙童；洁饮食；重丧礼。对于教坊穆斯林而言，遵守坊规是义务和职责，否则就要受到制裁，一些地区的回族称之为"罚赎"，即通过接受处罚（一般是罚金）以赎罪。

作为回族穆斯林社会的基层单位，教坊的出现和发展，不仅从组织上团结了教坊内回族穆斯林，而且通过仪式和伊斯兰行为方式的一致性，从总体上把处于大分散之中的回族穆斯林和不同地域的单个教坊联结起来，凝聚为一个统一的群体，显示了伊斯兰文化的整合性功能。正因为如此，自元明以来，回族教坊内的穆斯林能够形成互帮互助的优良传统，并被人们所称道；而某些影响社会风气的不文明行为，诸如游手好闲、好逸恶劳、吸毒嫖娼、酗酒赌博等，则都会受到寺坊群众的舆论谴责。教坊内一般的民事纠纷，往往由掌教和教坊中公正人士按伊斯兰教教规进行调解，而一些重大刑事案例才诉诸当地政府。[②] 每一个教坊对于本坊内贫穷无依、生活困难的同胞，要做出安排，通常是使用宗教基金进行救济帮扶。

清真寺在教坊生活中起到非常重要的作用。在每一个教坊中，穆斯林成长的文化环境主要就是清真寺。他们从小在清真寺内接受宗教教育，长大后每天要到清真寺去参加五次礼拜，特别是每逢聚礼、会礼时，穆斯林们于拜前拜后互祝平安、亲切交谈，以此传递信息、交流思想感情。每个回族穆斯林在这个充满伊斯兰文化氛围的天地里耳濡目染，因此而铸造出其特有的价值观念和生活方式。应该说，回族伊斯兰文化得以流传至今，教坊组织起了重要作用。

---

① 常住，指清真寺的各种财物。所谓请常住，就是在清真寺财物的管理问题上秉持清廉的态度——不侵吞、不霸占。

② 费孝通先生也在讨论中国乡土社会的"无讼"时指出："在乡土社会的礼治秩序中做人，如果不知道'礼'，就成了撒野，没有规矩，简直是个道德问题，不是个好人。一个负责地方秩序的父母官，维持礼治秩序的理想手段是教化，而不是折狱。如果有非打官司不可，那必然是因为有人破坏了传统的规矩。"见费孝通：《乡土中国》，上海：上海人民出版社，2007年，第51～52页。

第五章

人生的历程

生老病死，是每个人都要经历的人生步骤。但相同的生命节律往往有着不同的文化解释，也就伴随着不同的仪式。回族因其文化包含着伊斯兰文化和中国文化两个重要部分，在人生仪式方面既受到伊斯兰教基本教义的深刻影响，也融汇合了大量的中国本土元素。

第一节　出生、命名、割礼

人生礼仪，主要是指在人一生中的不同阶段所举行的仪式和伴随期间的礼节，是社会文化现象之一，也往往具有民族特色。在长期的民族发展过程中，回族也形成了不同人生历程的不同礼仪。

一、诞生礼

诞生礼是人一生中的开端之礼。回族把出生视为一件大事，保留了许多传统的习惯，其中一些与伊斯兰教信仰有关，还有一些也受到居住地文化的影响。

一般而言，回族对生男生女并没有偏好，认为生男生女、聪明不聪明这类事情，都是真主的“定然”。对男孩女孩都应该一视同仁，不

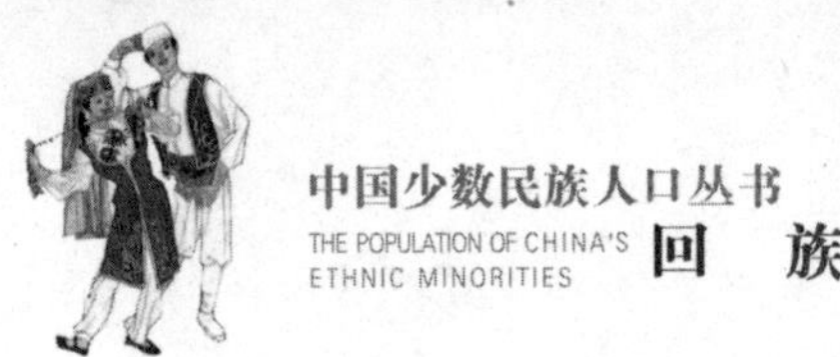

能怨憎子女，否则就是对真主的不敬。因此反对人们生男则喜、生女则悲，甚至虐待歧视女孩的行为。所以从古至今，回族中绝少发生溺女婴、虐待女孩的现象。

在孩子出生三天时，家人要给孩子全身沐浴，称作“三洗”、“洗三”或“喜三”。这一天，孩子的家长要为孩子举行庆祝活动。比如在北京地区，这天要请阿訇念《古兰经》，感谢真主“赐予”后代并保佑母子平安；西北一些地区要用臊子面款待亲戚、朋友和乡邻，而请来的客人则要送油香、长面、锅块①、鸡蛋、肉等以示庆贺。孩子满月时，一些地区的回族还要为孩子举行“满月礼”，届时要炸油香、做饭菜，接待亲朋好友及近邻，殷实的人家还要向穷人施散钱财和物品。此外，与满月礼相似的还有周岁礼。

二、命名礼

回族的命名礼一般会在婴儿诞生后一段时间内举行，具体的起名时间由于教派、地区的差异而有所不同：有的地区在婴儿出生后尚未吃奶之前，便将婴儿从产房抱出，请阿訇用《古兰经》中或伊斯兰教历史中先贤的名字为婴儿选取“经名”；有的地区是在婴儿出生七天后再请阿訇取“经名”；还有的地区要在“三洗”这一天为婴儿起名。

回族对命名礼很重视，届时要配合一定的宗教仪式：由家长抱着孩子，阿訇站在一旁，先对小孩的右耳低念“邦克”②，再对小孩的左耳念“尕麦体”③；之后的礼仪要视婴儿的性别有所区分，对男孩是在左耳朵里慢慢吹一口气或轻轻咬一下左耳朵，是女孩则在右耳朵里吹

---

① 锅块，西北回族中一种面食，也是制作羊肉泡馍的材料。

② 邦克：波斯语词，意为“召唤”之意，又作宣礼，伊斯兰教召唤穆斯林到清真寺礼拜的仪式。

③ 尕麦体，阿拉伯语词音译，指穆斯林汇集到清真寺后准备礼拜的招呼词。

一口气，这种程序的意义是奉真主的名义宣布新生儿正式降临到人世间，并让他或她一出生便能聆听到真主的召唤，成为一名穆斯林。

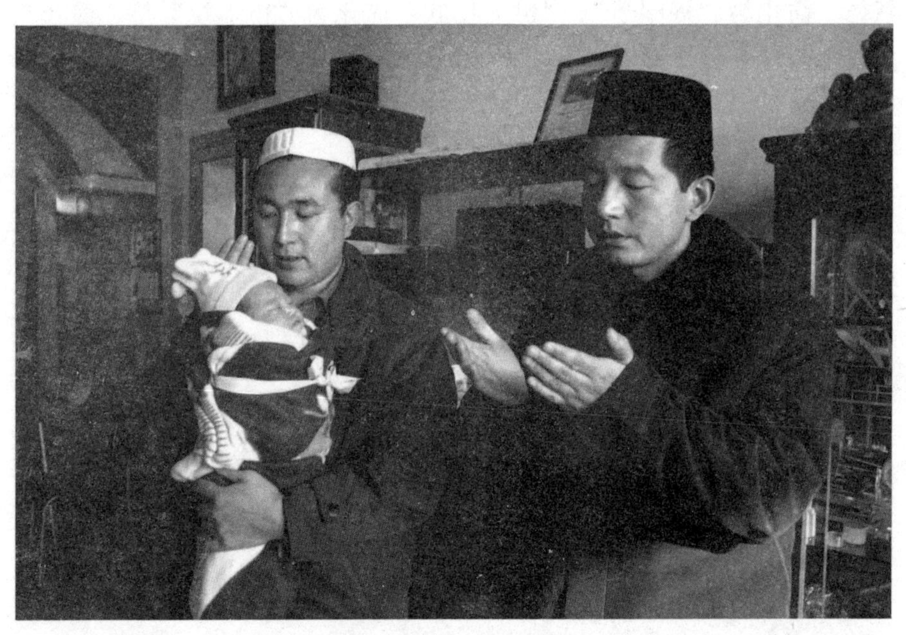

阿訇给婴儿取经名　（敏昶提供）

阿訇举行完这种仪式后，会为孩子取一个“经名”（或称“回回名”）。男孩的经名多用尔撒、努哈（也写作“努海”）、伊卜拉欣、伊斯玛仪、穆萨、达吾德、优素福（也写作“尤索夫”）、叶哈雅、穆罕默德等，这些均是伊斯兰教典籍中先知的名字，或者用欧麦尔、阿里、哈桑等伊斯兰教史上的重要人物的名字。女孩多叫做阿米娜（穆罕默德母亲的名字）、海底彻（穆罕默德妻子的名字）、阿依莎（穆罕默德妻子的名字）、法图麦（也写作“法蒂玛”，穆罕默德的女儿、阿里的妻子）等。在举行命名礼这一天，有条件的家庭还要宰羊，家境一般的家庭也要炸油香、馓子等用来宴请阿訇和赠送左邻右舍、亲戚朋友，增加喜庆气氛。

回族家庭在家多以经名称呼子女，而阿訇在婚礼上为回族新郎新

娘书写婚书时用的也是经名。由于一些阿拉伯语人名的音节太长，既难记又不顺口，故在西北地区有将较长的名字简化的现象，如“穆罕默德”简化为“穆罕子”、“伊卜拉欣”简化为“伊卜拉”等，简化后的名字多在家庭或本民族范围内使用。

二、割礼

割礼也是回族人生礼仪中的一项重要内容。割礼是一种成丁礼，按照伊斯兰教的规定，女子 9 岁、男子 12 岁，即为“出幼”，便算是进入成年，要开始承担宗教义务、履行宗教功课。女子从此便要开始戴“盖头”，而男子则要行割礼。

回族儿童　（敏昶提供）

割礼是阿拉伯语“赫特乃”的意译，指割除穆斯林男孩包皮的仪式。据传，古代先知伊卜拉欣曾奉安拉之命要求他的后裔中所有男子都履行割礼，阿拉伯人后来沿袭这一礼俗。根据穆罕默德妻子阿依莎所传的一段圣训说，穆罕默德认为有十类大事属于人类赋性，割礼便是其中之一，所以穆斯林就又将割礼作为一种“圣行”来遵守。

割礼没有固定仪式。在中国，割礼过去都是由专门的宗教人员施行的，现在也有送小孩去当地医院进行手术的，如在北京回民聚居的牛街地区，回民医院里还有“割礼”的专项门诊，因其安全快捷深受回族群众欢迎。

从生理卫生的角度来看，割礼是一种良好的习俗，医学上对包皮过长也要施行手术，以防积垢致疾。所以，回族很重视割礼。一些地区的回族在给小孩行割礼这一天还要炸油香、宰羊、宰鸡等，还有的会请阿訇念经，以此示庆贺。

第二节　“十个回回九个马，另外还有沙、喇、哈”

一、回族的姓氏

有人用“十个回回九个马，另外还有沙、喇、哈”这句话概括回族的主要姓氏，这种说法虽不是百分之百准确，但有一定代表性。回族中的马姓可以说遍布全国，是回族中的大姓，以至于有些回族村、街巷中大一部分人都姓马，故以马姓命名，如马家庄、马甸等。

回族马姓主要取自于其先民名字的音译，特别是伊斯兰教始传人穆罕默德名字的音译。回族先民中有不少人名字的汉译写法中带有与“马”字发音相似的字，如阿合马、马合马沙等，其后裔便取“马”为姓；在中国古代文献资料中，穆罕默德名字的译音也有多种，如《明史》载：“天方，古筠冲地，一名天堂，又曰默伽……相传回回设教之

祖曰马哈麻者……”①，甚至也有将穆罕默德直接称为“马圣人”的，如《重修西安清净寺碑记》载：“我国明朝永乐十一年（1412年）四月，太监郑和奉敕差往西域天方国……海上波涛横作，几度危险。乃哈三吁天，恳祷于教宗马圣人者。已而风恬波寂，安妥得济……”② 回族先民信奉伊斯兰教，其中不少人以“穆罕默德”为经名，因此后人以与穆罕默德名字相关的字为姓也就再自然不过了。

除马姓外，回族的常用姓氏喇、哈、沙等，在中国属较奇僻之姓，其来源与回族姓氏形成的特殊性有关。“喇”和“哈”两姓，来自回族先民名字某一音节的音译，元代著名回回政治家赛典赤·赡思丁，有纳速喇丁、哈散、忽辛、苫思丁·兀默里、马速忽五子，他们的后裔即以其中某一音节的汉文音译为姓，或姓纳，或姓哈，或姓喇，或姓忽，等等，这些姓在中国并不多见。“沙”姓的主要来源则是称号而不是名字，多来自波斯男子人名的附加字“沙”，意为“王者”，加在人名之后是一种尊称，元时回回人名字中以“沙”为尾音的不在少数，如别里沙、仉机沙、马合谋沙等，其后人便以“沙”为姓，也逐渐成为回族中的一个大姓。回族中丁姓的来源也是如此。阿拉伯语词“底尼”意为宗教，简读成“丁”音。穆斯林男子为了表示虔诚的信仰，也常在名字之后加上“底尼”（丁），如纳速喇丁、不鲁罕丁、扎马鲁丁、职马禄丁等，其后人取丁为姓。如《新元史》所载：“丁鹤年，其先西域人。父职马禄丁，徙居武昌。因以丁为氏。”③ 回族中还有一些在中国不常见的姓，如赛、撒、洒、拜、陕、者、以、速、羽、玉、

---

① （清）张廷玉等撰：《明史》，卷三百三十二，《西域四·天方》，北京：中华书局，2008年，第8621、8624页。

② 余振贵、雷晓静主编《中国回族金石录》，银川：宁夏人民出版社，2001年，第185页。

③ 柯劭忞：《新元史（元史二种·上）》，卷二百三十八，《文苑下·丁鹤年》，上海：上海古籍出版社，2012年，第921页。

底、亚、摆、买、仉等姓，也多来自译音。

山东的温、安两姓则来自菲律宾穆斯林。明永乐十五年（1417 年）苏禄国东王在来访的归途中病逝于山东德州，其后人定居中国，并以温、安为姓。

除此而外，回族姓氏还有许多其他来源。有的来自地名，如山东一些地区的回族杨姓，其先祖来自北京羊市角头，后易“羊”为“杨”。有的来自本民族名，如回姓，来自族称“回回”。有的来自伊斯兰教职务，如夏姓，元代伊斯兰教长老不鲁罕丁在泉州清净寺主持寺务时，其职务为“摄思廉”，其中摄为阿拉伯语词 Shaikh，今亦译为谢赫、筛海、舍赫等，意为长老、老者，一般是伊斯兰教中对有名望或有地位者的尊称；“思廉”为阿拉伯语词 al—Islam，al 为定冠词，Islam 即是伊斯兰。后来不鲁罕丁就以“摄思廉”的首音作为自己的姓——夏，其后代也均为“夏”姓，其后裔夏彦高、夏东升、夏日禹都相继主持清净寺。

还有的回族姓氏来自其他民族的姓。如脱、妥、贴、铁、达、朵、燕、何、塔、忽、合、和等姓，大多都与蒙古族的姓氏有关，这与部分蒙古族因皈依伊斯兰教而逐渐融入回族有关，如沈阳脱姓回族，据《脱氏家谱》记载，其始祖为元丞相脱脱，从 14 世纪中叶起即定居沈阳，信仰伊斯兰教，从而传出脱姓回族；再如今青海民和、乐都县的冶姓回族，其祖先为维吾尔族，这可以从家谱和其他历史文献中得到证明。

由于回族在历史上主要与汉族长期杂居，相互往来也十分密切，也有一些汉族改信伊斯兰教，其后裔便逐渐融合到回族中去，并将自己原来的姓带进回族。此外，回族与其他民族通婚（尤其是回族女子嫁给其他民族的男子）后，其后裔也使用他民族的姓氏（特别是汉族姓），这也是构成回族姓氏多元化的重要原因。

回族姓氏中还有来自于皇帝赐姓的。如明代著名航海家郑和，原名马和，在明初北京附近郑村坝的一次战役中他奋勇冲杀、立下了战功，明成祖朱棣因此赐其郑姓，云南昆明民间至今犹有“马不能登殿，皇帝赐姓郑”的传说。

二、回族的名字

回族人的命名习惯基本与汉族相似。其实从历史上来看，回族姓名作为回族文化和习俗的一个重要组成部分，也随着回族的形成与发展而变化。

唐宋时期，东来的阿拉伯人、波斯人等穆斯林来到中国后，不但保持着“胡服”、“胡语”，而且沿用着“胡名”，即在姓名上仍然保持着阿拉伯、波斯等国的传统。如传说最早来华的阿拉伯人翰葛思、宋时泉州清真寺的建寺人纳之[①]卜嘉鲁喜丁、扬州清真寺（又称回回堂）建寺人卜哈丁等人，用的都是阿拉伯、波斯原名。当时使用汉姓汉名的阿拉伯人和波斯人也不是没有，如唐代考中进士的大食人李彦生和唐末五代的诗人李珣、其妹李舜弦等，但这些只能算是个别现象而已。

元代是中国民族大融合的时期，这时回回人在中国迅速发展，其姓名也出现了一些变化，而且变化大半发生在官吏和士大夫阶级身上。他们一方面不忍放弃原来的回回姓氏，另一方面又在自己的名字以外起个字或号。如《元史》所载：“瞻思字得之，其先大食国人，博极群籍，汪洋茂衍，见诸践履，皆笃实之学”[②]；又萨都剌，字天赐，号直斋，其中“萨都剌”是阿拉伯语“Sa’ ad Allah”的音译，意为“真主

---

① “纳之”应为“哈只”之误。“哈只”或“哈吉”是阿拉伯语音译，是对朝觐过圣地麦加的穆斯林的一种荣誉称号。

② （明）宋濂等撰：《元史》，卷一百九十，《儒学二・瞻思传》，北京：中华书局，2008年，第4351页。

的赐福”，他的字“天赐”同时也是其阿拉伯语名字的意译[①]；也有仍为回回名，但取汉姓和字、号或“中阿并取”的，如政治家凯霖，“凯霖”是他的回回名，又取字“和叔”，汉姓“荀”；更有些回回的名姓和汉族几乎没有区别了，如元诗人高克恭，字彦敬，号房山，其姓、名、字、号全是汉族式的。需要说明的是，元代回回姓名虽有与汉族姓氏“融合”的势头，但“融合”式的姓名终究是少数，大多数人仍保留着原来的名字，如赛典赤·赡思丁、纳速剌丁、阿老瓦丁、亦黑迭儿丁、亦思马因等。

明代，回回民族已基本形成。这个时期，由于汉语成为回回民族的共同语言，回回姓名发生了重大变化，元代盛行的回回名已不常用，而采用汉姓汉名者日益增多。出现这种现象的主要原因有两个：一是明初强迫推行汉化政策，颁布禁止“胡服、胡语、胡姓”的法令；一是回汉杂居日久，使用汉名有一定的方便，特别是随着回族经济的发展，回汉两族经济、文化交流日趋频繁，汉姓汉名已成为回族人名的基本形式，并一直延续至今。

虽然自明以后，回族人的名字已经与汉族人没有太大区别，但仔细探究，回族人的名字还是有自己的特点。除“经名”外，回族人在起乳名时有时会反映本民族“信仰”的因素。如婴儿出生在伊斯兰教斋月，或许命名为“赖买丹”[②]；出生在古尔邦节或开斋节，就命名为“尔德”（阿拉伯语“节日”音译）；出生在星期五这一天，则命名为“主麻”等。有的回族家庭以回族伊斯兰教特点的名词为子女起名，如“知感”（意为感谢真主）、“慈悯”（意为真主赠予的爱怜）等，以示感谢真主的恩典。

有的回族人在起名时，只在经名前冠以汉姓，如马穆萨、张尔里

---

① 白寿彝主编：《回族人物（元代）》，银川：宁夏人民出版社，1985年，第151页。

② 赖麦丹，阿拉伯语词音译，指伊斯兰教历九月，即斋月。

（阿里）、高尔撒等。有的回族人在正规场合或书写名字、制作名片时，常把经名放在学名之前，如阿不都热赫木·马松亭、穆罕默德·伊卜拉欣·沙儒诚等。

第三节　婚嫁、家庭与亲属称谓

一、伊斯兰教对回族婚姻观念的影响

回族的婚姻观念，与伊斯兰教的相关制度有千丝万缕的联系，但回族毕竟是在中华大地上形成的民族，婚姻习俗也有中国特色。在主要的婚姻条件、要求和禁例上，回族的婚姻习惯与伊斯兰教的婚姻规定是一致的；但在不违背伊斯兰教对婚姻的相关规定的情况下，婚俗中的某些仪式和行为又有被中国文化和儒家思想影响的痕迹。

伊斯兰教中有穆斯林成年后必须结婚、不能终身不娶不嫁的规定，对此回族人持拥护态度，主张结婚是“瓦直卜”①，亦是“逊奈”②，所以回族中很少见终身不娶不嫁者。青年男女一到结婚年龄，如果自己没有选择配偶，做父母的就必须到处张罗，为子女联络婚姻事宜。

回族在婚姻中强调的一个重要前提便是双方都是穆斯林，并不主张教外婚姻，但不排斥回族男子娶改信伊斯兰教的其他民族女子为妻，同时也不鼓励回族女子出嫁他族。这与回族发展的历史有关。在回族形成的历史上，回族与其他民族通婚现象的确存在过，而且至今仍存在，特别是回汉之间的通婚。

早在唐初，当时被称为贡使、胡贾和蕃客的回回先民，大多只身

---

① 瓦直卜，阿拉伯语音译，意为“当然的义务”。

② 逊奈（al—sunnah）：伊斯兰教逊尼派教法用语，阿拉伯语词音译，意为“行为”、“道路”、“传统习惯”等，后来成为穆罕默德言行及其所默认的弟子的言行的专称。

前来中国，唐政府除专门指定贸易市场、允许他们保持自己的风俗习俗和宗教信仰外，还允许他们与中国妇女通婚，只是禁止携带中国妇女出境，“贞观二年（628 年），六月十六日敕：诸番使人所娶得汉女为妾者，并不得将还番”[1]，这大概是中文文献中关于包括穆斯林蕃客在内的外国人与汉族妇女通婚最早的官方记载。“安史之乱”发生后，唐政府请求阿巴斯朝哈里发出兵协助平乱，战争结束后，唐明皇向支援了唐政府的穆斯林官兵提出：如果他们愿意，可以留住京城。这些穆斯林以军士的身份来到中国，不可能带家眷东来，所以无疑会与中国妇女结为婚姻关系。

宋代的海外贸易比唐代更为发达，外国穆斯林商人留居中国者比唐代增多，他们与当地人通婚的范围也有所扩大。据《萍州可谈》记载，宋“元祐间（1086～1094 年）广州蕃坊刘姓娶宗女，官至左班殿直。刘死，宗女无子，其家争分财产，遣人挝登闻院鼓。朝廷方悟宗女嫁夷部，因禁止，三代须一代有官，乃得娶宗女”。[2] 可见当时的蕃客不但与普通中国妇女通婚，还王朝宗室也有了婚姻关系。蕃客与中国妇女通婚后出生的子女在宋时称为“土生蕃客”，他们中的一部分成为回回民族的主要来源之一。

元时，大批中亚、西亚穆斯林迁入中国，并与汉族等民族组成家庭，也成为回族的主要来源。特别是到了明朝，统治者为了削弱“异族”力量，以法律的形式禁止蒙古、色目人的族内嫁娶，回回人的婚姻当然要受到这类法令的影响。这样的法令虽然主观上是为了削弱回回民族，但在客观上却加速了回族共同体的形成。在政策的促使下，回回与汉族等民族的通婚也有了很大的发展，不仅有穆斯林男性娶汉

---

① （宋）王溥撰：《唐会要》，卷一百，《杂录》，北京：中华书局，1955 年，第 1796 页。

② （宋）朱彧撰，李伟国校点：《萍州可谈》，上海：上海古籍出版社，2012 年，第 34 页。

族女性者，也有“回女”嫁“汉男”者。据泉州《荣山李氏族谱》的《垂戒论》记述：“其间有真色目人者，有伪色目人者，有从妻为色目人者，有从母为色目人。”① 这段文献说明，在明以前穆斯林与中国其他民族通婚便已经是一种历史事实，而且这种通婚对于回族形成及人口增长起到了重要作用。然而到了清代，回族与其他民族（主要是汉族）之间大范围的通婚行为受到抑制，这与清政府的民族压迫、宗教歧视政策是分不开的。清朝统治者为了巩固自己的统治，在日常生活中以风俗习惯等问题离间回族和汉族，给通婚造成无形的阻碍。通过史籍记载和以往的研究材料，我们可以了解到，有清一代在全国范围内特别是西北地区，回汉通婚已被绝对禁止。统治阶级坐收渔利的分化政策，使回、汉人民友好关系受到严重的挫伤。

总之，回汉通婚和不通婚的变迁与复杂的历史过程密不可分。回族文化受伊斯兰教影响很大，因此虽然如今影响民族团结的因素已基本消失，但在本民族内部，特别是回族聚居区，仍不自觉地提倡着“族内婚”。然而回族“大分散、小聚居”的居住特点，在一定程度上缩小了仅在回族内部的通婚的可能性。特别是在回族人数占的比例小且居住分散的大中城市和一些南方地区，族内婚存在很大困难，所以在这些地区的回汉通婚的现象仍很普遍。

一般而言，要与回族通婚的非穆斯林青年在正式举行婚礼之前要先完成“进教”，也就是皈依伊斯兰教。仪式通常由阿訇主持，为“进教者”念诵《古兰经》和“圣训”有关章节，大意是奉真主之命，接受她（或他）为教中人，愿真主赐福他们。然后再举行回族穆斯林常规的结婚程序。

回族对纳聘礼的规定源自于《古兰经》：“你们应当把妇女的聘仪，

---

① 见泉州历史研究会编：《泉州回族谱牒资料选编》，现代铅印本。见周燮藩等编：《清真大典》，第二十二册，合肥：黄山书社，2005年，第415页。

当做一份赠品，交给她们。”[①] 但回族的婚姻并不主张以门第和贫富为条件，而注重男女双方的品质与才貌，禁止“问八字、争聘礼、讲奁资、吝婚期、奠雁跨鞍、用音乐、姑迎母送，甚至居丧婚嫁、女死争竟”[②] 等不符合伊斯兰教规和烦琐的婚礼仪式。聘礼的多少，取决于男子的社会地位和经济状况，不主张女方强行索取厚礼。从其产生的意义来看，聘礼的规定一方面在经济上对男子有所牵制，防止男子轻易离婚；另一方面是在万一离婚的情况下，使女子生活上可以有所保障。凡已赠送女方的聘礼，男子在要求离婚时不能索回。《古兰经》第四章第 20 节明确规定：“如果你们休一个妻室，而另娶一个妻室，即使你们已给过前妻一千两黄金，你们也不要取回一丝毫。”但在新中国成立前，以上主张并不能被完全遵守，聘礼对男子的负担还是很重的，这与伊斯兰教的规定是不符合的，其原因与我国封建社会买卖婚姻是分不开的。

离婚在回族中是比较少见的，这也是受伊斯兰教中不能随意离婚的规定的长期影响而形成的习惯。伊斯兰教规定，若夫妻之间确属感情破裂、无法再共同生活，经调解后仍无效后双方都有要求离婚的权利。但这不是提倡离婚，只是规定在万不得已时才允许离婚。所以在回族中，当夫妻之间出现矛盾、感情受到损害时，老人们会自动出面调解。但如果夫妻关系确实紧张得不能共处，离婚也是被允许的。如果是男方提出离婚，那么一点也不能要回他赠给女方的财物。离婚时，如果女子怀孕或带着不满两岁的小孩，男子就有责任抚养她和小孩。离了婚的或丈夫早亡的妇女都允许改嫁，但须按照《古兰经》中规定的停一段时间为待婚期。如果妇女离婚后经过一段时间想复婚，任何

---

① 《古兰经》第四章第 4 节

② （清）刘智著，张嘉宾、都永浩点校：《天方典礼》，卷十九，《婚姻篇》，天津：天津古籍出版社，第 205 页。

人也不得干涉和阻挠。

二、回族婚俗

由于回族分布在全国各地，回族的婚俗也多种多样。一般而言，聚居区的回族婚俗中传统的色彩比较浓厚，而东南沿海等地受汉族婚俗的影响较深。

按传统的回族婚俗，在正式举行婚礼之前，要经过三个程序。

第一项是说亲。子女长大后，父母亲就开始考虑他们的婚事。过去，如果男方看中某家的姑娘，或听到某家有中意的姑娘时，男方的长辈就会带上礼物请媒人去说亲，也有媒人主动为两家说亲的情况。当然这是比较传统的情况，现今随着社会的发展，有些青年男女互相早已萌生爱慕之心，但仍然要在结婚前找个媒人从中说合，否则会被嘲笑为不懂“规矩”，这些媒人也不是专职的，有些是男方的亲戚，有些是男女双方都熟悉的老人，以男子为主，也有妇女。他们的主要职责是向双方介绍彼此子女的品行和家庭情况、商定聘礼的数目以及择定订婚、送婚、结婚的日期。做媒被认为是一件能获得“塞瓦布”① 的事，因此媒人们很乐于为双方撮合。媒人一般选聚礼的“主麻日”（星期五）到女方家中提亲，也会要带上茶、糖等礼品。媒人说明来意后，如果女方的父母认为双方的婚姻合适，就会让媒人过几天再听回音；如觉得不合适，就会当面婉言谢绝。在整个过程中，父母要向女儿说明此事，并征求女儿的意见。在男女双方都同意、双方家长也满意的前提下，媒人第二次到女方家中要回话，这时双方家长要通过媒人商量订婚的日子。

第二项是订婚，在西北回族中也叫“送定茶”。男方家要准备好回

---

① 塞瓦布：伊斯兰教用语。阿拉伯语词音译，意为“报酬”、“奖赏”、“回赏”、“回赐”。常指真主对穆斯林善行的一种奖赏。

族喜欢喝的茶叶及糖、果干等，还有送给女方的衣料、化妆品等，由媒人和男方家属送到女方家。女方家中要备茶饭招待客人。吃完饭后，双方家长当着亲戚朋友的面互道“色俩目”，这门婚事就算订下来了。女方家在送客人时，还要以适当的礼品回赠男方家。

定亲过后，便要进入第三项，男方就要准备给女方送大礼。礼物的种类和多寡要视男方家中的经济条件和双方的年龄而定，与订婚间隔的时间有从几个月到一两年不等。送大礼是婚前一项最重要的事情，男方送的礼品包括：“麦亥尔”[①]、服装、化妆品、首饰、日常生活用品以及肉、米等食品，还要按女方开列的名单给女方直系亲属中的长辈一一赠送冰糖、茶叶等礼品。传统上，在送礼当天，男方众人要在媒人和男方叔舅辈男性的带领下手提礼品前往女方家。对女方家来说，接待男方送大礼的客人就像男方举办婚礼那样重要，因此场面务必隆重。如果女方在送“定茶”后反悔退亲是可以的，但如果男方送大礼之后一般就不能再退亲，从那天起女儿已经算是男方家中的人了。因此在收大礼的几天前，女方家里就开始做待客准备了。当送大礼的男方客人到达时，女方家的老人们带领男子们在大门口迎接，男女双方的人互道“色俩目”，迎接的人接下礼品，再敬上“盖碗茶”，然后用丰盛的菜肴招待来客。饭前还要请阿訇或懂得伊斯兰教义的人诵读《古兰经》中相关章节，求真主保佑婚事顺利。诵完经，众人接“都瓦”[②]，客人才开始进餐。当男方宾客离开时，双方还要再道“色俩目”告别。在此之后，如果双方不马上成亲，男方家还必须在每年斋月里向女方家送“开斋礼”，礼品的分量同定亲时的差不多，直到双方结婚为止。

---

① 麦亥尔：伊斯兰教法概念，亦称聘礼，阿拉伯语词音译。新郎按婚前的约定赠予新娘的礼品。

② 都瓦，阿拉伯语词音译，意为祈祷、祝福。

回族的婚礼具有浓厚的民族色彩，喜庆的景象更是令人难忘。西北一些地区的回族中流行的传统婚礼的过程是这样的：先选定结婚的日子，通常在聚礼主麻当日或开斋节、古尔邦节前后。然后双方就开始筹备结婚用品、向亲友发出邀请。婚礼举行的前一天是男女双方家中“接人情”的日子，双方邀请的亲戚、朋友以及近邻都要在这个日子向双方家中道喜、送贺礼。在回族心目中，这时收到的不仅仅是礼物，还都是“人情”。人们送完礼要吃一碗“人情面”，如果不吃就走会使主人生气。新娘家还要忙着清点嫁妆、收拾女儿的各种用品、为新娘梳妆打扮等。

婚礼当天早晨，新娘家要先把陪送的嫁妆和给新郎以及给公公、婆婆、叔父、舅舅的礼送到新郎家中。大约到9～10点，由新郎、陪女婿（这个角色很重要，其条件是新郎的至亲好友中年轻、已婚、有宗教知识、通礼俗、为人正直聪明、能随机应变的男青年）、长辈中的中年男子及兄弟、朋友十余人组成的队伍到女方家迎亲。女方家中请来的阿訇端坐上席，新郎和新娘坐在一起，迎亲的人围四周，由阿訇首先念“尼卡哈”[①]，然后分别问新郎、新娘相互为夫妻是否愿意，得到愿意的回答后，阿訇就宣布他们的婚姻成立且合乎教法[②]。随后，阿訇把早已准备好的盘子里装满的大红枣、核桃、花生、水果糖等向围观的人群撒去。在许多地区，念“尼卡哈”是新郎把新娘接到男方家以后举行的。

迎亲的仪式结束后，新郎等就回家等待新娘的到来。天近中午，新娘在陪娘和以男子为主的送亲队伍的护送下来到新郎家（现在多用小轿车接亲）。新郎家门口鞭炮齐鸣，喧闹一片，围观者都想一睹芳

① 尼卡哈，阿拉伯语词的音译，意为“结合”，念尼卡哈也就是作证婚词。

② 新中国成立后，回族在念“尼卡哈”前都到民政部门先领“结婚证”，否则阿訇不念“尼卡哈”。

回族婚礼 （敏昶提供）

容，可是按照传统，新娘子用头巾把脸盖得严严实实，怎么也看不到新娘的脸部表情。

按传统的习惯，新娘这一天的服饰应为大红绣花上衣、滚花边的绿色软缎裤子和精致的绣花鞋。而随着时代发展，现在以身穿礼服、足蹬高跟皮鞋的较普遍，但大部分仍要盖头巾，在一些地方还兴起了专门出租民族特色婚礼服装的行业。送亲队伍中的妇女和姑娘们团团围着新娘或站或坐，重点保护新娘，以防涌进屋内“闹房”的小伙子对新娘突然“袭击”和嬉闹。这时院子中间摆上丰盛的宴席，招待女方的送亲人。有些地区的回族还有“摆针线”之俗，即将新娘当姑娘时在娘家做的衣帽、鞋袜、枕套等拿出来让众人欣赏，并请一位能说

会道的妇女，夸奖新媳妇心灵手巧；男方也要请来一位口齿流利的妇女宣传男方家中为小两口置办的家具、新房、摆设和用品等，有时还会请来歌喉优美的妇女唱“针线歌”，为婚礼增添许多喜庆气氛。此外，回族婚礼中一项独特的庆贺表演——宴席曲。宴席曲主要流行于西北回族聚居区中。唱宴席曲的人一般都是业余自发组成的，当他们得知某家有婚礼时，不管主人请不请，只要有时间就自动聚集在一起，前往助兴。

回族婚礼第一天为小宴席，而第二天要举行大宴席。天刚拂晓，新郎、新娘就起床沐浴（洗大净），然后新娘梳洗打扮，由男方家的至亲妇女陪伴向公婆和来宾中的长辈施礼问安。这一天也是新娘家中女客来新郎家吃宴席的日子。新娘的母亲和亲戚中的女成员收拾整洁，来到新郎家做客。他们要到新房看布置得怎么样，并询问新娘在新家中生活是否习惯、公婆及女婿对她的态度好不好等。

结婚的第三天，是“回门”的日子。新娘、新郎由男方家的女客们陪同到新娘家吃席，并到亲戚邻里家分别做客。晚上回来后，新娘要正式下厨房做“试刀面”，以检验其烹调手艺的高低。至此，回族前后共四天（“接人情”、小宴席、大宴席、“回门”）的婚礼才算结束，新娘在新的家庭环境中开始了新的生活。

上述情况一般发生在回族聚居的小城镇和农村，而大、中城市居住的回族举行婚礼时传统的仪式和特点越来越不明显，许多传统被大大简化，但要请阿訇念“尼卡哈”，而且结婚时新郎新娘不拜天地、不互拜、不向公婆叩头等，这些习惯不同程度地被保留着，这说明回族的婚俗随着社会的发展也在不断发生着变化，但仍保持着一些原则。

三、家庭观念与亲属称谓

回族的家庭结构与汉族大体一致，在农村聚家族而居，而过去在

城市里三世、四世同堂的家庭不少。祖父或父亲为一家之长，居于支配地位。而现在以夫妻与未婚子女构成的核心家庭最为普遍。

除非常重视勤俭节约、孝敬长者、热情好客的教育外，回族穆斯林家庭还特别重视宗教信仰的传承。在相当长的一段时间里，回族穆斯林家庭主要以“父传子授”的方式学习伊斯兰教的礼仪制度，形成“恪守清真，世代传承”的家风。在家庭关系方面，回族也主张遵守伊斯兰教所规定的权力与义务，如在家庭中丈夫要本着道德的原则行事，对待自己的妻子要仁慈、亲切、诚恳和忍让，《古兰经》和“圣训”中有多处指出，男子必须善待妇女、以平等和善的态度对待妻子；妻子则要对丈夫忠诚，绝不可做出不忠实于自己丈夫的事情，必须经常满足丈夫对日常生活的舒适与安泰的要求。对于子女，回族穆斯林强调“天地代主育物，父母代主育人”[①]，所以父母育人之功胜于天地育物之功，无论是男孩还是女孩，必须一视同仁、尽心抚育，即“胎教于生前，礼教于幼习，学教于少知”。[②] 作为父母即使生计艰难，也应节衣缩食为子女提供教育机会：“子习学，丰其衣食，信其用度，使无纷志于营谋。”[③] 对于子女的成长，父母应该严加管教，使之长大成才。而子女对父母应该“尽孝”，并将“孝”提到了“天命”的最高高度：“经云‘真主之喜，寄于人子父母所喜之间’。父母不悦，其子虽有万行，亦无论矣”[④]；“拜中闻母呼，必应；赴寺闻亲疾，则归”[⑤]。对于

---

① （清）刘智著，张嘉宾、都永浩点校：《天方典礼》，卷十一，《父道》，天津：天津古籍出版社，第 123 页。

② （清）刘智著，张嘉宾、都永浩点校：《天方典礼》，卷十一，《父道》，天津：天津古籍出版社，第 124 页。

③ （清）刘智著，张嘉宾、都永浩点校：《天方典礼》，卷十一，《父道》，天津：天津古籍出版社，第 124 页。

④ （明）王岱舆：《正教真诠》，下卷，《至孝章》。见吴海鹰主编：《回族典藏全书》，第 13 册，兰州：甘肃文化出版社，银川：宁夏人民出版社，2008 年，第 369～370 页。

⑤ （清）刘智著，张嘉宾、都永浩点校：《天方典礼》，卷十一，《子道》，天津：天津古籍出版社，第 129 页。

“孝”的强调，不仅要在日常生活中照顾父母温饱，更重要的是“奉亲于无过之地，使之不堕于违逆之中”①，即作为子女必须尽力为父母敬主拜主、坚持安拉的道路创造便利条件，使父母身后得以“脱离还报之苦，更享无量之福”②。

回族不仅重视核心家庭的和睦，也看重亲族关系。正如回族民谚所云：“回回的亲，扯不断的根”，“回回亲，亲套亲，砸断骨头连着筋”等，足见回族亲族关系的复杂，其中又有“远亲”和“近亲”的区分，一般是把直系血亲和直系姻亲作为近亲，除此以外为远亲。

回族的亲属称谓与汉族有相似之处，如公公、婆婆、兄弟姐妹等与汉族同，但也有其本民族的特点，同时又有地区差异。回族对父母亲的称谓有好几种：宁夏南部山区和甘肃等地将父亲称“大”，母亲称“妈”；宁夏泾源等地的回族称父亲为“爹爹”，称母亲为“娅”。而对祖父一般称“爷爷”，祖母称“奶奶”，但广东等地回族称祖父为“阿爷”，称祖母为“太太”；陕西和宁夏泾源等地的回族还把祖父称为“爸爸”，把祖母称为“妈妈”。对于母亲的父母也有不同的称谓，如西北部分地区称外祖父为“外爷”，外祖母“为“外奶”；广东等地回族称外祖父为“阿爸”，称外祖母为“阿妈”；东北一些地区将外祖母称为“老娘”，以便与汉族的“姥姥”相区别。对于父亲之兄弟及其配偶的称谓也不同，一些地区将父亲的哥哥称为“大爹”，宁夏等地称为“阿伯”，河南称为“伯”，东北等地称为“大大”。回族通常称伯父之妻为“大娘”，东北部分地区回族将父亲的兄弟之妻皆称为“婶子”。西北回族有将父之弟称为“爸爸”的，即按照长幼称“二爸”、“三爸”、“四爸”等；也有将叔叔之妻称为“新妈”、“娅娅”的。在对父

① （明）王岱舆：《正教真诠》，下卷，《至孝章》。见吴海鹰主编：《回族典藏全书》，第13册，兰州：甘肃文化出版社，银川：宁夏人民出版社，2008年，第371页。

② （明）王岱舆：《正教真诠》，下卷，《至孝章》。见吴海鹰主编：《回族典藏全书》，第13册，兰州：甘肃文化出版社，银川：宁夏人民出版社，2008年，第371页。

母的姐妹的称谓上，一般与汉族同，但西北有些地区有将统称为“娘娘”的。这种称谓至今在中亚东干族中还保留着。

第四节　“天下的土地，埋天下的回回”

如果说诞生礼是标志着接纳一个人进入社会的话，那么丧葬仪式就标志着一个人最终脱离社会，人生旅途已经终结，因此也称为“脱离仪式”。回族的丧葬习惯比较完整地保持着早期伊斯兰教的特征，即坚持简朴、快捷的原则，主张人在哪里去世就在哪里安葬，反对将死者运回故乡，也就是俗语所说的“天下的土地，埋天下的回回”。

回族称死亡为“无常”，或称“归真”，即归至真主阙下，这些都是回族穆斯林的汉语专用语。伊斯兰教并不把死亡理解为生命的终结，而是将死看做“嗄来布”（即肉体）的消失和“鲁哈”[①] 的升华，所以久而久之回族中忌说“死了”。同样，称殡体为“埋体”[②]，还称死者为“亡人”。

如果有人临终，其儿女亲朋会被叫到跟前，以便聆听遗嘱，这在回族中又叫“口唤”。“口唤”是回族的专用语，本意为“同意”或“允许”。亲属不准大声哭泣，应默念清真言：“万物非主，唯有真主，穆罕默德是真主的使者”，并提醒临终者默念，以表示心存于主，不要留恋尘世。如果临终者是哑巴或因病重念不出时，亲属要示意其举起右手食指，表示信仰安拉“独一”。同时还要请阿訇为其做“讨白”（忏悔），祈求真主的饶恕。

待临终者停止呼吸以后，就要准备丧葬的各种事宜：

---

① 鲁哈，阿拉伯语词音译，意为灵魂。

② 埋体，也是阿拉伯语词“昌台”或“买台”的音、义双关词汇。“昌台”、“买台”原意为逝世，有些回族也直接用此二词称殡体。

一是要是为亡人顺肢体、合眼目、闭口齿，并整理容发，然后将亡人放在通风的地方，并覆盖上清净的白布单。亲戚朋友得到消息后前来吊唁，一般要赠送钱和米、面、油等物品，以作助葬的费用，但是不会像汉族一样送花圈和挽联，更不主张吊唁者号啕大哭。因为在回族人的理解中，人的生、老、病、死都是真主“前定”的，死的一种称呼——“无常”，就是指人既无法逃脱死亡也不知道死亡何时降临，但死亡是真主的定然，因此不应过于悲伤。

二是为亡人洗涤全身。男亡人由男子负责洗，女亡人由女子负责洗。洗者为三人，其中一人持汤瓶，一人负责灌水，一人戴上干净手套负责洗濯（有的地区洗者为二人）。洗法与洗“大净”一样，须按从右到左、从上到下的顺序冲洗三遍，洗时还要用布单遮住羞体。而且要用碱水去垢而不用肥皂之类去洗，这是因为肥皂用动物油脂制作而成，可能不洁净。另外，有些地区的回族在给亡人洗身后还要用干净棉花包上香料或大米塞进亡人的七窍之中，意为勿使尘世上的污秽再进入亡人的肌体，可以让亡人干干净净地去见真主。

洗净周身上下后，即用“克凡”包裹全身。“克凡”为阿拉伯语词的意译，也就是殓服。男“克凡”由三件组成：“大卧单”、“小卧单”和衬衣。大卧单用白布做成，宽四尺半左右，长要求上下各比头脚多出五至七寸；“小卧单”，宽约四尺半左右，与亡人身高等长；衬衣也由白布做成，长度自肩到踝骨，在肩头开缝儿，宽约一尺二寸多。妇女克凡除上述三件外，再加护胸及包头巾各一件，长约三尺。“克凡”用白布而不用色布、绸缎，寄寓着“清白一身而来，清白一身而去”的含义。

三是请人为亡者挖坟。回族行土葬，而且对坟墓有特别讲究，坟坑一般是南北向，深挖五六尺（也有深一丈左右的，视土质而定）、宽约三尺，再在底部挖一个与坟坑平行的深洞。下葬时，阿訇在坟坑上

方诵经，亡人的亲属们在坟坑下方听经。“埋体”由助葬人用白布带子从头、腰、腿三处提起，然后缓缓降入坟坑。有人事先下到坟坑里，用手托起“埋体”轻轻放在地上，之后再慢慢移入放入深洞，头北脚南，面向位于西方麦加的克尔白。也有些地区的坟坑走向是东西向，亡人头东脚西仰卧，这样也可面向克尔白。之后，先用土坯垒好深洞，然后填土掩埋坟坑。

概括而言，回族的丧礼过程有如下几个特点：

第一，殡礼。伊斯兰教认为，为亡故的穆斯林同胞向安拉祈祷是一项共同的义务，也是一种集体责任，所以如果有人归真，教坊内的回民一般都会来参加殡礼。殡礼在阿拉伯语中称为“者那则”，因此回族又称参加殡礼为“站者那则”。殡礼通常在亡故者住宅院里或在院外平坦、干净的地方进行，也有在清真寺举行的。殡礼前，先将亡人面向西放在木床上，站殡礼者须事先洗过大小净，排好班次，由教长或阿訇在前面领导殡礼仪式。殡礼不同于一般的礼拜，不叩头，不跪坐，不鞠躬，只有举意、抬手、大赞等行为。大赞一共四次：（1）赞主；（2）赞圣；（3）向安拉祈祷，大意是饶恕已死去的和活着的人们，祈求人能活在伊斯兰教的道路上，死也要死在“伊玛尼”（即信仰）的根基上；（4）赞颂安拉是最仁慈的养主。赞礼后殡礼即成。

殡礼后，亡人被移入清真寺公有的“塔布”[①] 内，由坊内众人轮番抬送去墓地。现在大多数回族社区已配备专门转送亡人的殡葬用车。有些地区的妇女一般不需参加殡礼，也不送葬。

第二，土葬。回族的土葬不用棺椁而直接将埋体放入土中，谓之“入土为安”，但与汉族的土葬又不甚相同。土葬确实具有既经济又卫生的优点，尸体腐烂后极易被土地吸收。

---

① 塔布：即塔布匣，中国穆斯林殡葬公共用具，阿拉伯语称“塔布提”。指穆斯林装殓抬送亡人的木制匣子。

伊斯兰教也没有规定必须留坟头和立石碑。事实上，许多伊斯兰教国家和地区或仅用沙土掩埋尸体，任其自然消失；或埋好尸体后，上面简单地盖上一块石板而已。回族由于居住区域和习惯不同，且在一定程度上受汉族风俗的影响，因此形成了独特的葬俗，但一般都采取洞穴埋葬法，留马脊状坟头，这也与汉族的圆坟头不同，坟高不过一尺五寸。

可以说，土葬是伊斯兰丧葬制度的最基本内容，而火葬是其所讳忌的，这是因为伊斯兰教认为，世上干过歹事的人，死后才会遭到安拉用火惩罚。在中国社会普遍施行火葬的今天，政府允许穆斯林遵照自己的风俗习惯进行土葬，一般地区也都开辟有回民公墓，极大地方便了回族人民的需要。

除了土葬之外，在情况变化时也采用其他办法，如亡故于汪洋大海而无法土葬，即可以在举行完殡礼后水葬。

第三，速葬。回族主张速葬，停尸一般不能超过三天，回族俗语有云："亡人奔土如奔金。"这也与伊斯兰教的影响有关。伊斯兰教认为，今世是来世的播种与耕耘场所，生是死的起点，死是生的必然结果；今世是短暂的，而后世才是永存的。因此穆斯林把死视为"复命归真"，而不是生命的结束。基于这种宗教之说，穆斯林认为速葬是一种"佳行"，可使亡人早日归复到安拉之处。

另外，为达到速葬的目的，伊斯兰教还规定，在哪里归真在哪里埋葬，绝不强调将亡人运回家乡，可以等候远方亲属奔丧，但以三天为限，三日内必须埋葬。这种丧事速办、避免尸体因长期停放腐败变臭污染环境的做法，是伊斯兰教丧葬方式的一个优点。

应该从伊斯兰教产生地阿拉伯半岛的地理环境中去找提倡速葬原因。该地是多沙漠地区，气候十分炎热，人死后如果停尸过长就容易腐烂。但无论其产生的原因为何，回族实行速葬的做法是值得提倡的。

第四，俭葬。可以说，伊斯兰教的葬礼是世界上最节约的、最平

等的丧葬方式。无论亡人生前贫富高低，都是用同样规格尺寸的“克凡”包裹，都埋葬在同样大小的墓穴，都不允许用任何物品陪葬，都须举行同样程序的殡礼，都会有众多的穆斯林赶来送葬，都不能花钱雇人抬送埋体，故回族中有“不论穷、不论富，都是三丈六尺布”的谚语。伊斯兰教不主张为亡人穿孝服，送葬者只要素衣洁服即可。有些地区回族受汉文化的影响较深，在葬礼上有披麻戴孝或戴黑纱的做法，这都不是伊斯兰教的规定。

对于父母长辈，伊斯兰教所提倡的是“厚养薄葬”。厚养，是指应该在亡人（主要是父母）在世时认真地孝敬他们；当其丧失劳动和生活能力时，应细心服侍，赡养他们，使其安度晚年。《古兰经》明确地提出：“……应当孝敬父母。如果他俩中的一人或两人在你的堂上达到老迈，那么，你不要对他俩说：‘呸！’不要喝斥他俩。你应当对他俩说有礼貌的话。你应当为怜悯而毕恭毕敬地服侍他俩，你应当说：‘我的主啊！求你怜悯他俩，就像我年幼时他俩养育我那样。’”[①] 薄葬，是指父母一旦去世，儿女就当本着节约的精神，力行薄葬的原则。即使家有万贯，也不可殉葬分文，在洗净和作过殡礼后，要速将仅用白布裹着的埋体入土掩埋，禁止以“孝”的名义大操大办、挥霍浪费，也反对搞所谓“重孝厚葬”。本着“薄葬”的原则，回族的葬礼很节俭，禁止鼓乐、炮仗，也反对放声悲哭，整个殡仪具有俭朴、清静、快捷的特点。

有的地区的回族还有一些附加的仪式，如埋体入土前后焚香、传经、诵经等；掩埋以后，当年逢七日、四十日、百日、周年，死者家属也都要举行纪念活动，需请一位阿訇替亡人上坟念经，不断地代为亡人祈祷，这个仪式称为“游坟”。当年以后，每逢周年，亲属们都要请阿訇念经，举行纪念活动。这些仪式不是伊斯兰教所规定的，而带有浓厚本土化的“回族文化”特点。

---

① 《古兰经》第十七章第23～24节。

第六章

寓“清”于“真”的社会生活

“清真”是回族文化中的一个关键词，这个概念既说明回族在形成和发展过程中与伊斯兰教千丝万缕的联系，如在宋代文献中伊斯兰教又称为“清真教”，而时至今日“清真寺”仍是回族各种文化活动的中心；同时，“清真”的概念也渗透到回族社会生活之中，它是一种清洁观念，也是一套关于饮食的规定，更是对一种生活方式的高度概括。寓“清”于“真”，是一把了解回族社会生活的钥匙，它既涵盖了伊斯兰教义和仪式，又涵盖了日常生活中的种种观念。

第一节　爱清洁的民族

回族是爱清洁的民族，在其漫长的历史发展过程中逐渐形成了一套独具特色的卫生习俗。这种卫生传统的形成，有伊斯兰教的影响，《古兰经》上说：“你应当远离污秽”①，所以回族穆斯林把讲究清洁卫生也看成是对真主虔诚的表现。

伊斯兰教“五功”之一的“拜功”是穆斯林必须履行的职责，而礼拜时则要求身体、衣服和礼拜之所三个元素都要干净。清洁的主要

---

① 《古兰经》第七十四章第5节。

方式就是大净和小净，大净又称为“务斯里”（波斯语词音译），回族出远门旅行、参加婚礼、星期五聚礼时到清真寺礼拜以及参加古尔邦节、开斋节、圣纪等主要活动之前，也要洗大净；小净通常称为“阿卜代斯”（波斯语词音译），伊斯兰教规定，在呕吐、流血、睡眠之后做礼拜前，须洗手、洗脸、洗肘、漱口、洗鼻孔、用湿手抹头、冲洗双脚等，如入厕，还须洗下身，在此之后方能以清洁的姿态履行拜功，否则礼拜是无效的。回族洗大小净有一个特点，就是从右到左、从上到下，讲究顺序，不乱洗，以免洗净的地方再溅上脏水。同时，回族洗大小净时，要求各个部位都要洗到，如果少洗了一个部位，那整个大净则无效。沐浴的益处自然很多，回族中也流传着这样的俗语：“常洗大小净，百病难以生”，“饭前洗洗手，饭后漱漱口，不活一百一，也活九十九”。

为了做好大净、小净，回族创造了一套特有的卫生设施，包括汤瓶、吊罐、沐浴堂等。

汤瓶形似茶壶，上部小而下部大，有盖有把手，还有流水的小嘴，这样污物不宜进去。回族平时洗手洗脸和礼拜前洗小净时都喜欢用汤瓶，而不喜欢用脸盆等盛水的器皿。这是因为回族讲究用过的水只能往下流，而脸盆洗则没有这个功能，只能让人把洗过的脏水捧起来再用，而汤瓶洗则可做到流水洗涤。

关于汤瓶还有许多优美的传说，其中一个是这样讲的：汤瓶本名“洗壶”，相传是唐代时从阿拉伯传入中国的。安史之乱后，唐玄宗为了表示对阿拉伯人民的亲善友好，命巧匠特制一把精美的洗壶送给阿拉伯使者，来客惊叹中国工匠的精湛手艺，将洗壶改称“唐瓶壶”，久而久之，在民间流传时逐渐转音，就简称“汤瓶”。另外一种解释是，“汤”在古代汉语中本指“热水”，所以，汤瓶也就逐渐成了回族等穆斯林民族族沐浴净身用的器皿的专用名词了。有趣的是，在自来水还不普及的时代，一些回族人开的茶馆、饭馆及其他饮食服务行业中也备有汤瓶，以供顾客洗手之用，有的店铺还把汤瓶画到饭馆的门牌上，作为“清真”饮食的标志。

吊罐也是回族特有的卫生设施，用来做全身沐浴的大净。相传，吊罐是盛唐时由波斯商人传入我国的。在各种燃气、电、太阳能热水器普及以前，一些回族家庭就装有吊罐，有陶质的、铁质的、铝质的、木质和铜质的等，悬挂在沐浴室的顶部，在罐底部有一个小孔，平时塞上木塞，洗时拔出木塞，水就从小孔流出。悬挂吊罐的地方的地下一般要修一条通往室外的下水道，以排出污水。

沐浴堂，回族也俗称为“水房子”，或称“滤涤处”，是供回族群众使用的公共卫生场所，一般设置在清真寺中。传统的沐浴堂内多设有水井，有专门烧水而不用来做饭的大铁锅，有净下的小隔间，有洗大净用的沐浴间。除此之外，在整个沐浴堂的地中间，用石头或水泥砌成一个长方形的大污水池，池内有下水通道；池子上面安置着一个特制的用来放汤瓶、搭毛巾、挂帽子的架子，池子两边摆着较矮的长坐凳，沐浴的人可以坐在凳子上洗手、洗脸、洗脚等。如今，随着社会的发展，回族沐浴堂内的设施早已得到了进一步的改善，沐浴堂基本已用上了锅炉、水泵、自来水、喷头、太阳能热水器等设备，广大回族群众礼拜前，都可以来到沐浴堂痛痛快快地洗个“大净”。

回族也很讲究穿着卫生。在回族的观念中，如果一个人的穿着脏衣服还不修边幅、蓬头垢面，就既有害身体健康，又影响美观，还会影响精神面貌；而如果一个人衣服洗得干干净净，穿得整整齐齐，就会使人感到舒服、优美，还能够体现他良好的生活习惯和道德风貌。所以回族中有“笑脏不笑补（丁）”及“一天不洗五遍水①，不能算是好回回”的俗语。特别是一些经常上寺的回族老人，更是讲究穿戴整

① 五遍水，指五次礼拜前作的净礼。

洁。此外，回族还非常注意个人卫生，头发、指甲一般都不会留得太长，而且从孩提时代就是这样要求，在临终前也要剪手指甲和脚趾甲。

回族还非常重视环境卫生。在回族看来，居住环境的整洁与否会影响到人的性情。在回族家庭中，有每日洒扫堂室庭院的习惯，房前屋后收拾得干净整齐、井井有条。再如，用过的水桶必须挂在墙上，不能放在地上，洗净的碗碟和饭勺都要反扣，以防灰尘落入。回族人的饭馆、茶馆也很注意打扫，以干净、卫生出名。

讲究卫生的良好习惯，造就了回族人良好的身体素质，加之回族群众热爱劳动，使得回族中健康长寿者不在少数，正如20世纪30年代著名记者范长江在他的《中国的西北角》中所说的：“他们（指回民）的身体坚强结实。因为宗教教条的训练，他们养成了几种非常有益的生活习惯，如早起、勤于沐浴、遵守时间、不吃死后的动物等，特别是不吃鸦片，关系于他们的体格方面非常重大。”① 在今天的回族聚居区，的确可以随处看到面色红润、精神饱满、衣着整洁的回族群众，即使上了年纪的老人，还出入清真寺、参加体力劳动等。而这些都与回族爱清洁、讲卫生的习惯分不开。

值得一提的是，回族群众赋予“清洁”以深刻的内涵，认为身体的洁净和内心的洁净是并重的，不仅要洗去身体上尘垢的污秽，也要洗去心里的“污秽”，因此内心邪恶是对大小净最大的破坏。大小净的真正意义在于，能教人们从外表的向善做到实质的向善，这才是真正意义上的“清洁”。

第二节　随乡入俗的回族服饰

从全国范围来看，回族服饰基本上“随乡入俗”，与邻近民族（主

① 范长江：《中国的西北角》，北京：新华出版社，1980年，第167页。

要是汉族）的服饰大体相近，所以一些历史文献中有“汉装回”之称。而与其他民族杂居的回族常根据当地民族的习惯着装，如在新疆有穿维吾尔、哈萨克等民族服装者；在云南有穿白、彝、傣等族服装者；在西藏有穿藏族服装者。回族在服饰上表现了很大的适应性，故清代著名回族学者刘智曾说：“古今冠服，异代不同，异处不同，凡居属国，遵而服之可也。”①

回族服饰伴随着民族共同体的形成和发展，也经过了逐步演变的过程。回回先民的服饰与华人迥异，宋代朱彧在《萍洲可谈》中记载：“广州蕃坊，蕃人衣裳与华异……”②；元人陶宗仪的《南村辍耕录》记录当时杭州一带回回人的衣饰时写道：“丝、头袖，其服也”③；修于明初的泉州《荣山李氏族谱》中的《垂戒论》一篇对当地回汉两种服装作了一番对比，写道：“正衣冠，端□绅，鸣玉佩，吾之文身也而色目则缠头被（即‘披’）褐而跣足也。”④

以上几段记载，说明回族先民东来时保存着自己的服饰风格，只是随着民族共同体的形成和发展，回族服饰发生了巨大变化，表现出“随乡入俗”的特点。这一方面是出于回族对其所居住的复杂多样环境的一种适应，另一方面也与统治者的强迫限制政策有关。如明太祖朱元璋建国后明令禁止“胡服”，逼迫回族人民着汉装。

到了清代，统治阶级对回族人民更存偏见，雍正初年时山东巡抚陈世琯和署理安徽按察司鲁国华等地方大员向清廷上书，对回民的服

---

① （清）刘智著，张嘉宾、都永浩点校：《天方典礼》，卷十五，《冠服》，天津：天津古籍出版社，第163页。

② （宋）朱彧撰，李伟国校点：《萍州可谈》，上海：上海古籍出版社，2012年，第30页。

③ （元）陶宗仪撰，李梦生校点：《南村辍耕录》，卷二十八，《嘲回回》，上海：上海古籍出版社，2012年，第331页。

④ 见泉州历史研究会编：《泉州回族谱牒资料选编》，现代铅印本。见周燮藩等编：《清真大典》，第二十二册，合肥：黄山书社，2005年，第415页。

制、信仰等妄加指责，并建议：“应遵一统之正朔。服朝廷之衣冠。岂容私记岁月。混戴白帽。作此达制异服之事。请令惠民遵奉正朔服制，一应礼拜等寺尽行革除。倘估终不后。将私记年月者，照左道惑众律治罪。戴白帽者，以为制律定拟”，而雍正皇帝斥责了鲁国华所言“苛刻怪诞”，并表示应尊重回民的习俗[①]。但是在清代，官员对于回民礼俗的排斥一直没有停止。[②] 当然，回族并没有因为统治阶级的禁止和误解就完全改着汉装，而是在某种程度上坚持和保留了本民族特有的服饰习惯，这在回族聚居区尤为明显。

回族的传统服饰，根据性别可区分为男子服饰和女子服饰。回族男子服饰中最显著的标志就是无沿小白帽（俗称“礼拜帽”或“回回帽”），它与伊斯兰教信仰有关。按照规定，礼拜者的头部不能暴露，必须遮严；礼拜叩头时，又要做到前额和鼻尖着地。无沿小白帽能满足上述两个要求。当然现在一些回族戴白帽也不完全是为了做礼拜，也兼有表明回族身份的功能。“回回帽”一般是白色，也有黑、棕、绿、蓝等颜色，其样式多为平形圆顶，但由于地区和教派不同的原因，也有戴角帽的，如属于中国回族伊斯兰教哲合林耶教派的穆斯林爱戴六角帽，表示伊斯兰教的“六大信仰”。与维吾尔等其他穆斯林民族所戴的小花帽相比，“回回帽”的颜色就比较单一了，但越来越多的回族也开始戴绘有金边及花纹的小帽，有的帽子正中还印或绣上“真主至大”、“清真言”等阿拉伯文。

回族除了戴小白帽外，还有在头上戴“太斯达尔”（缠巾）的。相传穆罕默德在传播伊斯兰教之初就头缠“太斯达尔”礼拜。戴“太斯达尔”时有许多讲究：为了利于礼拜扣头，前面只能缠到前额发际处，

---

① （清）唐晋微：《清真释义补辑·雍正八年五月初十日奉》。见吴海鹰主编：《回族典藏全书》，第36册，兰州：甘肃人民出版社，银川：宁夏人民出版社，第143～144页。

② 金吉堂：《中国回教史研究》，银川：宁夏人民出版社，2000年，第77～81页。

不能把前额缠到里面；缠巾的一端要留出一肘的长度垂在背心后，另一端缠完后压至后脑勺处的缠巾层里。过去回族头缠“太斯达尔”的较多，现在则多戴小白帽，只是阿訇等教职人员和老人才多戴缠巾礼拜。

坎肩也是西北地区回族服饰的一个重要组成部分。回族男女都喜欢穿坎肩，特别是男子喜欢在白色衬衫上套一件对襟青坎肩，即所谓的“白汗褡青袂袂”。由于季节不同，坎肩的质地也不同，有夹的、棉的和皮的，既可当外套外穿，又可穿在里面。除了美观以外，坎肩短小灵便的特点也与回族经常做大小净的习惯相适应。

在回族聚居区，阿訇和老人们还喜欢穿“准白”，这是阿拉伯语词的音译，即“袍子”、“长大衣”，其款式、长短与现代的大衣相近，但领口一般为制服式，且颜色多以白、青、灰等色为主，根据季节又分为单、夹、棉、皮等四种材质。回族多在礼拜时穿“准白”，在宗教活动及为穆斯林亡人忌日举行“尔买里”[①] 活动时往往也穿“准白”，以示庄重、肃穆。

归结起来，回族男子服饰最普遍的特点就是以白色为主：从头上戴的白帽，到身穿的白衬衣，甚至还有白布裤子，都以白色为佳，这种颜色偏好与伊斯兰教的影响是分不开的。据传，穆罕默德生前就喜爱穿白色的衣服，他还曾提到：“你们当穿白色衣服，那是最好的面料。你们当用白布给埋给川克凡……”[②]。另外，由于回族一天要做五次礼拜等原因，需经常保持衣服的清洁，白色的衣饰具有“显脏”的特点，便于及时发现污迹、随时洗涤，保证做礼拜时身体和穿戴必须洁净的规定。

---

① 尔买里：伊斯兰教用语，系阿拉伯语音译，意为“善行”、“善事”、“善举”，泛指宗教功修和礼仪制度以及符合教义的行为。

② 艾布·达乌德辑录，穆萨·余崇仁译：《艾布·达乌德圣训集》，北京：宗教文化出版社，2013年，第405页。

回族妇女的衣着打扮也别具特色，和男子的回回帽一样，女子最有特色的服饰是头上戴的盖头。盖头的戴法一般是统一的，即从头套下，披在肩上，颌下有扣，可遮住两耳，将头发全部盖住，只露面孔在外。在颜色上，少女和已婚的少妇通常戴绿色的，中年妇女戴黑色的，老年妇女戴白色的。盖头这种特殊装束，可能来自于阿拉伯民族防止风沙尘埃的生活习惯，后来成为伊斯兰教中所规定的穆斯林妇女头饰。《古兰经》二十四章第31节中规定：“你对信女们说，叫她们降低视线，遮蔽下身，莫露出首饰，除非自然露出的。叫她们用面纱遮住胸膛，莫露出首饰，除非对她们的丈夫，或她们的父亲，或她们丈夫的父亲，或她们的儿子，或她们的丈夫的儿子，或她们的兄弟，或她们弟兄的儿子，或她们姐妹的儿子……”在阿拉伯国家，穆斯林妇女要用面纱遮面；而在我国回族妇女的传统服饰中则弃用面纱，而是用盖头把头发、耳朵、脖子都遮盖起来，同样也遵守了《古兰经》中的相关规定。回族妇女的盖头讲究精美，大多选用丝、绸等精美面料制成。在样式上，老年人的盖头较长，要披到背心处，而年轻妇女的盖头比较短，遮住脖子即可。有些盖头上还绣上风格素雅的花草图案等，增加了装饰美。有些妇女不戴盖头，而喜欢戴白色“护士帽”，既方便且同样能将头发遮盖起来。

回族妇女传统的服装是大襟衣服和长及膝盖的袍子，中老年妇女多穿暗色服装，姑娘则穿红着绿，还喜欢在衣服上嵌线、滚边、镶色等，有的还在衣服的前胸和前襟处绣花。现在回族女性虽然在衣饰上“随乡入俗”，但在西北地区，她们一般不会穿超短袖衫和超短裙。在回族的文化中心清真寺，也禁止穿短裙子、短衣衫的女性进入。

另外，回族女子从小就要扎耳洞、佩戴耳环，也喜欢戴手镯。还喜欢用凤仙花染指甲，凤仙花是从西域传到中国的，南宋周密的《癸辛杂识》中载：“凤仙花红者用叶捣碎，入明矾少许在内，先洗净指

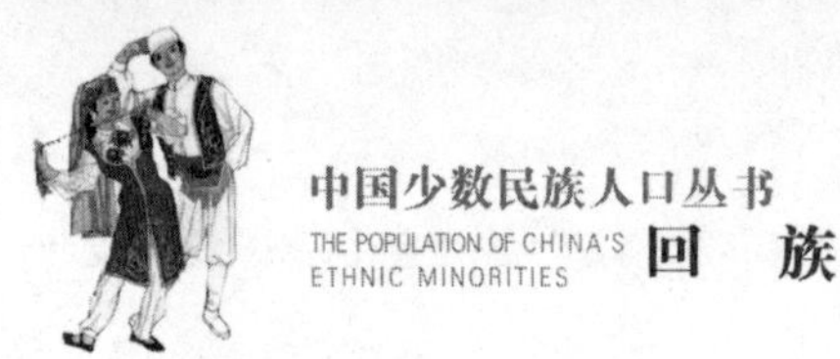

甲，然后以此付甲上，用片帛缠定过夜。初染色淡，连染三五次，其色若胭脂，洗涤不去，可经旬，直至退甲，方渐去之。……今回回妇女多喜此……"① 今天一些地区的回族妇女仍袭此俗。

如今，回族服饰的变化非常大，除聚居区还较多地保留传统服饰外，在散杂居区的回族已很难从服饰上辨清其民族身份。特别是在城镇里的青年男女，紧跟潮流，穿着打扮也丰富多样，充满了时代的气息。但在主麻聚礼、开斋节和古尔邦节等宗教节日以及婚礼、葬礼等特殊仪式场合上，许多回族男性则要戴上礼拜帽，女性戴上盖头并遮蔽羞体，在跟随时代发展的同时也保持着民族特性的做法。

第三节　"佳美"与"合法"的清真饮食

回族的饮食也与其分布全国的特点相适应，表现出浓厚的地域特色，如：居住在海边的回族善于烹调鱼虾海鲜，而内陆回族则长于烹调牛羊鸡鸭等畜禽；南方稻米产区的回族大多以米为主食，而北方小麦产区的回族则比较喜欢面食；居住在高寒地区的回族口味较醇厚，而居住在温暖地区的回族口味就较清淡了。即使都在西北地区，饮食习俗也千差万别：西安的回族爱吃羊肉泡馍，兰州回族喜欢牛肉面，此外还有宁夏的羊羔肉、青海的手抓肉等。

回族饮食习俗具有悠久的历史，可以说是回族及其先民在坚守伊斯兰教饮食规定的前提下适应中国环境、气候、物产等条件而慢慢形成的。宋代朱彧《萍洲可谈》中记载，居住在广州蕃坊的穆斯林"饮食与华同"，"但不食猪肉而已"，"非手刃六畜则不食，若鱼鳖则不问

① （宋）周密撰，王根林点校：《癸辛杂识》，续集上，《金凤染甲》，上海：上海古籍出版社，2012 年，第 73 页。

生死皆食”。[①] 这是有关回族先民饮食习俗的最早记载之一，其中的“与华同”反映了回族先民与中国本土的华人具有饮食上的共性，也有一定的适应能力，而后面的记述的“不食猪肉”、“非手刃六畜则不食”等不同之处则是他们对信仰规定的坚守。概括而言，回族的饮食习惯正是在这种既固守传统又灵活适应环境的基础上产生的。

一、伊斯兰教影响下的回族饮食观

伊斯兰教有关饮食的规定基本上以《古兰经》和“圣训”为依据。总体上看，提倡饮食以清洁卫生、防病保健为原则，主张使用“合法”、“佳美”因而有益于身心健康的动物、植物等作为食品。当然其中也包括某些特殊的禁忌，但强调在大自然中，合法而佳美的食品范围极广，因此也不应过分自我约束。《古兰经》强调：“众人啊！你们可以吃大地上所有合法而且佳美的食物”[②]；“真主已准许你们享受的佳美食物，你们不要把它当作禁物”[③]；“他只禁戒你们吃自死物、血液、猪肉，以及诵非真主之名而宰的动物”[④]；“你说：‘在我所受的启示里，我不能发现任何人所不得吃的食物，除非是自死物，或流出的血液，或猪肉——因为它们确是不洁的，或是诵非真主之名而宰的犯罪物’”[⑤]以及“饮酒、赌博、拜像、求签，只是一种秽行，只是恶魔的行为，故当远离……恶魔唯愿你们因饮酒和赌博而互相仇恨，并且阻止你们记念真主和谨守拜功”[⑥]。

---

① （宋）朱彧撰，李伟国校点：《萍州可谈》，上海：上海古籍出版社，2012 年，第 30 页。

② 《古兰经》第二章第 168 节。

③ 《古兰经》第五章第 87 节。

④ 《古兰经》第二章第 173 节。

⑤ 《古兰经》第六章第 145 节。

⑥ 《古兰经》第五章第 90～91 节。

总结起来，伊斯兰教中禁止使用的“不合法”的食物主要包括“自死物、血液、猪肉，以及诵非真主之名而宰杀的动物”和酒类等具有麻醉性质的物品。那么，伊斯兰教中为什么存在这样的饮食禁忌呢?原来这都是远古时期闪米特人（包括现在阿拉伯人和犹太人等民族）的一种习俗。

闪米特人的原始发源地是阿拉伯半岛，面积很大但沙漠和草原占了很大比例，所以农耕用地很少。半岛地区炎热，缺少水和谷物，所以猪这类专吃粮食的畜类不适合在这种环境中生长，这样的客观条件决定了闪米特人只能放牧牛、马、驼和羊等牲畜而不能养猪。闪米特人后来由阿拉伯半岛向外迁徙扩散到了西亚和北非一带，也把这种生活习俗带到了这些地区。据公元前五世纪希腊学者希罗多德的《历史》记载，生活在北非的埃及人也将猪视为不洁净的畜类，并记述说：如果一个埃及人在走路时碰到猪，就会穿着衣服跳进河里冲洗一遍，而一个放猪人不能和其他职业的人结婚而只能在放猪人中去找老婆。居住在巴勒斯坦的古犹太人的圣书中也说猪是不洁净的，肉不可吃。1200多年后，阿拉伯人沿袭了这个古老的传统，《古兰经》中也出现了禁食猪肉的规定。

不吃血液也是一种古老的禁忌，源于人类早期生活经验的总结。从生理卫生的角度来看，血液是病毒和细菌的载体，被感染的血液往往成为疾病传播的“温床”。另一方面，由于人和动物都会因为流血过多而结束生命，于是产生了有关人和动物的生命（或称灵魂）存在于血液中的观念，吃血就被视为是在吞食生命和灵魂，是一种渎神的行为，《旧约》中就有关于不食血液的规定，此后禁食血又成为伊斯兰教的教规。

不吃自死物的肉也是对人类实践经验的总结。因吃自死物本身就死因不明，而动物往往因为染上疾病而死，可能在人类中传播疾病，

在炎热地区自死物也会很快腐烂，因此形成了自死物不洁净、不可吃的观念。《旧约》中也有禁食自死物的条文，伊斯兰教承袭了这种传统。

对“诵非真主之名而宰的动物”的禁忌来自伊斯兰教的基本信仰，即世界上一切万物皆属安拉，生死皆由安拉掌握，宰牲前要念“台斯米”以表示奉真主之名宰杀该物，未念“台斯米”而宰杀的即为不合教法，视其肉为污秽、不可食。

伊斯兰教主张禁酒的规定并非一次性颁布，而是逐渐禁止的。穆罕默德由麦加迁往麦地那后，有的教徒参与了当地的饮酒、赌博活动，当时有人问穆罕默德是否允许这种行为，回答是饮酒害多益少[①]，但并没有说要禁止；后来有穆斯林因为酒醉而在做礼拜时念错了经文，穆罕默德便颁布了“启示”：“信道的人们啊！你们在酒醉的时候不要礼拜，直到你们知道自己所说的是什么话……”[②]，也就是说要在清醒后才能礼拜，这时也没有明确禁酒；第三次提到酒是由于某些教徒饮酒后斗殴，甚至因此结下了仇恨，所以这次穆罕默德以安拉的名义严令禁酒，从此禁酒成为教规。

中国与伊斯兰教的始传地阿拉伯地区相距万里，环境、物产和烹调方式都大为不同，但回族依然遵守着基本的禁忌原则，尤以禁食猪肉最为严格。中国自古以来是一个农业国家，猪这种牲畜在人民的饮食生活中地位甚重，回族和其他九个信仰伊斯兰教的民族相对中国的主体民族汉族来说人数要少得多，于是禁食猪肉的习惯自然被视为一种“殊俗”。不仅禁食猪肉，而且发展到禁用一切用猪皮、猪骨制作的生活用品（如皮鞋、皮带、皮衣及含有猪油成分的肥皂、香脂等），甚

---

① 参见《古兰经》第二章第 219 节：“他们问你饮酒和赌博（的律例），你说：‘这两件事都包含着大罪，对于世人都有许多利益，而其罪过比利益还大。’……”

② 《古兰经》第四章第 43 节。

至在日常用语中避讳谈“猪”字，把它称为“黑牲口”、“狠孜勒”①、“黑货”。但相对而言，回族对酒的反感不如对猪的反感那样强烈，这可能和酒与人们日常生活的联系相对较少有关。但一般虔诚的回族穆斯林是滴酒不沾的，家庭设宴不摆酒。

由于伊斯兰教有不吃自死物、血液及“诵非真主之名而宰的动物”的规定，回族对原则上可食的禽、畜也要请阿訇或其他会诵经、有宗教知识的人念“台斯米”，然后“代刀”或“下刀”，且一定要保证让血流尽。因此，凡是清真牛羊肉铺、鸡鸭店及饭馆，都必须出售阿訇“下刀”的肉食品，并公开悬挂阿拉伯文或汉文的清真饮食标志。

总之，伊斯兰教关于饮食的规定深植于回族穆斯林心中的，成为回族饮食习俗的文化内涵。同时还要强调的一点是，回族饮食习俗也融入了汉文化的内容，如回族按照汉族包饺子的方法，换上清真饺子馅，改变为回族人民喜爱的食品，类似的还有粽子、元宵、月饼等食品。随着对具体食品的吸收，渐进为回族对汉文化的认同与包容，这也正体现了一种回族饮食习惯乃至回族文化的特质。

二、回族的饮食文化

回族饮食的特点是在回族人民长期的生活中形成的。回族拥有一些特有的进餐习惯，如一些地区的回族人让客人吃饭时，一般说“请口到”而不是“请吃”，在吃饭前也要先念“台斯米”等。在一些回族地区，每逢节日、宴席等，喜欢用碗盛菜而不用盘子，如东北的“八碗菜”、宁夏的“十大碗”、甘宁青地区的“九碗三行”（即九碗菜摆成每行三碗）等。其中，东北的“八碗菜”一般以肉菜为主，如清炖羊肉、红烧羊肉、扒羊肉条、扒牛肉条、清蒸牛舌、炖牛肉、牛羊肉丸

---

① 狠孜勒，阿拉伯语词音译，即“猪”。

子、炖鸡等。此外，最有特点的就是回族的各种风味食品。

回族的面食品是很有名的。如西北的牛肉拉面、刀削面、臊子面、揪面片等。另外，由于在饮食上的特殊性，回族出门时（特别是到南方一些回族人口较少的地区）有时不太方便，很难找到清真饭馆，回族的油面茶（也称“油茶面”）恰能解决这种困难。油面茶类似于炒面，回族俗称“肉面子”，用面粉与油、盐等（有时也有肉丁）混合炒成，吃时用水冲开即可，一般可保存二至三个月不变质。当回族出远门时，只要背上油面茶，就不愁找不到清真饮食而吃不上饭了。

现今，随着人口的流动，到东北、东南等地区开清真饭馆的西北回族越来越多，甚至像西北的拉面这样简单方便的地域食品，还逐渐在原来回族人口稀少的地区（如广州、厦门、青岛等地）形成规模，这也给回族人的出行提供了方便。从历史上来看，回族在某一个地区的集中活动和留居，往往都有“饮食业先行”的现象，也就是先有流动的回族到达一地开设清真餐饮业和清真屠宰场，或专门的屠宰点以后，才有大量的从事其他行业的回族流入，而餐饮业因此也成为回族中的常见产业。

“锅块”和“羊肉泡馍”都是西北回民的风味食品。“锅块”的做法比较费力，但却很独特：先以水掺碱和面，用力揉搓，使碱、水、面和匀；再用压面杖反复用力压面，直至面团表面光滑；然后擀面成团（一般每个重约 1 千克），置于平底层锅中温火烙；出锅后坚实脆酥，精美可口，不但有利于存储，而且还可作为馈赠佳品。“锅块”同时也是“羊肉泡馍”的最好配料，将“锅块”弄碎后加上葱花、香菜茉、粉丝、肉片等，再用滚开的肉汤漫冲一次，调好咸淡味即可成为丰美可口的回民佳肴。据说明代中叶，羊肉泡馍馆已在西安穆斯林中传开，以后逐渐遍及全国，但一般仍以西安的羊肉泡馍为正宗。

羊肉水饺粉汤也是西北回族的风味食品之一。它的做法并不复杂，先把包好的羊肉水饺下锅煮熟捞出，同时将羊肉丁少许略炒后放入羊骨头汤中，待汤煮沸，倒入已切成方块儿的凉粉，并在上面撒上香菜末、寸段韭青、鸡蛋饼丝，淋上辣椒油，再适当点上几滴醋，然后把调制好的粉汤浇在羊肉水饺上。

油香和馓子是回族的传统食品。回族逢年过节或婚丧嫁娶、纪念亡人时都要炸油香、搓馓子，或招待客人，或送给亲友。油香是一种炸制的面饼，其来历还有一段故事：伊斯兰教始传人穆罕默德有一次到一位贫困的穆斯林老人家做客，老人没有丰盛的食品招待，只好端上了油香。穆罕默德高兴地用右手撕了一块放进嘴里，其余的分给了围观的孩子。从此便有了穆斯林吃油香和用右手把油香撕开吃的习惯。回族的油香各类很多，诸如甜、咸面粉油香、糯米油香、地瓜油香等。做油香和面时很注意用料，如西北地区的回族要掺入香油、鸡蛋等，然后搅拌在一起，揉成面团，擀成大小相同、厚薄均匀的面张，再用刀切上两个穿透的刀缝。馓子一般做待客的点心用，其做法很简单，即将面搓成细条，盘绕折叠，油炸即可。炸好的馓子有干、香、脆的特点，股条细匀，金黄亮润，入口即化，非常爽口。此外，京津地区的艾窝窝、耳朵眼炸糕是全国著名的清真点心。

回族妇女炸油香　（敏昶提供）

回族的菜肴也是比较丰富的，一般以爆、烤、涮、烧、酱、扒、炸、蒸为主，调料用

的多，味厚，且因地域不同，形成不同的风味名菜。如西北地区的蒸羊羔肉、牛羊杂碎、手抓羊肉，北京的爆羊肉、烤羊肉、烤鸭、涮羊肉、卤牛肉、酱牛羊肉等，其中一些虽然并非回族的“原创”，而是在遵守伊斯兰教饮食固定的基础上吸收当地菜系的制作方法，但也逐渐融入了民族特色，并在全国享有名气。

在“饮”的方面，回族普遍喜欢喝茶，而且喜欢喝酽茶。西安回族喜欢“煮湖茶”，“湖茶”是西安回族对“湘尖”黑茶的俗称，一定要煮着喝。宁夏南部山区及甘肃、青海等地回族聚居区喜喝“罐罐茶”，先在砂黑釉陶或白铁皮制成的茶罐里放入茶，再倒进凉水放到火炉上煮，待三沸后，将茶水滗到小杯中喝，这种茶汁呈红黑色、味涩苦，具有暖身健胃、提神消食之功效。“烤茶”流行于云南等回族聚居区，先将茶叶放到茶罐里，然后置在火炉上将茶叶烤黄，之后用来沏水喝。

回族最有特点的茶饮当属西北地区的“盖碗茶”，所谓盖碗由茶盖、茶碗和茶盘三件组成，又称“三泡台”或“盅子”。用盖碗盅子喝茶有很多好处，正如民谚所云：“一防灰，二防冷，三防茶叶卡喉咙”，这说明用盖碗喝茶具有清洁、保温和安全的功能。盖碗茶中搭配方式很多，一般常见的有红糖砖茶、白糖清茶、冰糖窝窝茶、三香茶（糖、枣、茶）、白四品（青茶、白糖、芝麻、柿饼）、红四品（砖茶、红糖、红枣、果干），还有开胃化食的五味茶，五味即苦（绿茶）、酸（山楂）、香（芝麻）、甜（白糖）、辣（姜）；提气补虚的八宝茶（茉莉花茶、冰糖、红枣、芝麻、桂圆肉、枸杞、葡萄干、核桃仁）等。若西北回族家里来了客人，多用盖碗茶招待：先在茶碗里放好茶叶和佐料，注入开水，泡几分钟后，双手捧给客人；喝时左手拿托盘，右手拿碗盖，“刮”一下，喝一口，所以又称“刮碗子”。客人喝一点主人添一点，以此显示主人对客人的诚意。客人如果想继续喝，就不要把茶水喝干净，要留一点，这样主人会不断地添水。如果不想再喝了，就把茶盅里的水喝尽了，用手把碗口捂一下，或从盖碗中捞出“碗底”来吃，这样主人就不再谦让添茶水了。

回族除嗜茶、待客敬茶外，还有一系列与“茶”有关的活动，如馈赠送茶、聘礼包茶、结婚丈茶、斋月散茶。特别是在三大节日（开斋节、古尔邦节、圣纪节）聚众茶宴，更富情趣。

第四节 宗教影响下的传统节日

节日，是一个民族的文化中非常重要的部分，既具有纪念和娱乐的功能，也能起到团结群体、唤起认同的作用。回族由于分布广泛且与很多民族毗邻而居，其节日也呈现出极强的地域性色彩。一般而言，居住在杂散地区的居民，特别是这些地区中城市里的回族，受周围汉族的影响，主要过中国传统的春节、元宵节、中秋节等，但也能明显感受到与汉族的差异，注重其中休闲、娱乐的功能，而不强调其中的文化意义。如春节期间，回族一般不贴春联，更不烧香祭祖，也没有过“小年”的风俗，大年三十不刻意守夜、包饺子，更不会磕头拜年等，对“年”的重视程度明显和汉族不同，回族过年的休闲功能要强于文化功能。

回族与其他穆斯林民族一样，也过开斋节、古尔邦节和圣纪节。这三大节日都源于伊斯兰教。此外，一些地区回族还过法图麦节、登宵节、阿舒拉日、拜拉特夜等节日或纪念日。

一、开斋节

开斋节（阿拉伯语为“尔德·菲图尔”）是穆斯林斋戒期（伊斯兰教历九月）满的日子。封斋是伊斯兰教基本信仰的“五功”之一。“斋月”之所以选择在伊斯兰教历的九月，是因为据说安拉开始通过哲白依勒天仙向穆罕默德颁降《古兰经》的时间正好是610年伊斯兰教历的九月。《古兰经》中说：“赖买丹月中，开始降示《古兰经》，指导世人，昭示明证，以便遵循正道，分别真伪，故在此月中，你们应当斋戒……”① 这样，封斋就在宗教层面上成为穆斯林的义务。穆斯林以见新月而入斋月，亦以见下个月的新月为斋月的结束。在斋月里无故不封斋或每缺一天斋必须连续封两个月的斋，不能间断，如有间断，则必须从间断之日算起，再封两个月的斋。若不能做到这一点，可用另外一种弥补方式，即供给六十个穷人一天的口粮，或按六十个人一天口粮的费用纳捐，伊斯兰教法称之为“罚赎斋”。斋戒一月期满后，就是穆斯林们一年一度最隆重的节日之一——开斋节。

回族群众对每年一次的斋月非常重视，称呼斋月为“尊贵的月份”。封斋的人，在每天东方发白前要吃饱喝足，天亮后至太阳下山前，要断绝一切饮食，连水也不能喝一口。太阳落山后，回族穆斯林的“开斋饭”也开始了。家境好些的回族家庭，还会将烹调好的食物送到清真寺或者在晚上开斋时施舍给穷人，给经济条件不好的老弱病残或无依无靠者送慰问的“乜贴”② 的也较多。大部分回族穆斯林还要每晚到清真寺参加斋月里增加的“特拉威亥”（也就是间歇拜）礼拜。在西北回族聚居区，斋月开始后，回族人还要带上礼品给长辈做“开斋”之用，即使出门在外工作，也要托人去办理此事。因此，在斋月的回族聚居区，更显示出平静、和睦、团结的气氛。

一般斋月的第27日夜晚是“盖德尔夜”，又称“坐夜”、“守夜”，是伊斯兰教对《古兰经》始降之夜的敬称。“盖德尔”是阿拉伯语词，

---

① 《古兰经》第二章第185节。

② 乜贴：伊斯兰教用语，阿拉伯语音译，意为“心愿”、“意图”、“决心”等，经堂语为“举意”。也指举意后捐献的钱财和做的善事。

开斋节荒郊会礼 （敏昶提供）

有“前定”和“高贵”之意。《古兰经》记载：“我在那高贵的夜间确已降示它。你怎能知道那高贵的夜间是什么？那高贵的夜间，胜过一千个月。众天使和精神，奉他们的主的命令，为一切事务而在那夜间降临。那夜间全是平安的，直到黎明显著的时候。”① 根据《古兰经》经注学家的解释，该夜是真主开始向穆罕默德颁降《古兰经》之夜，也是真主预定世间万物万事的命运之夜，所以称“高贵”或“前定”之夜。由于《古兰经》明示盖德尔之夜“胜过一千个月”，所以回族群众非常重视此夜，一般是彻夜在清真寺或在家中举行礼拜、诵经等活动，并以佳肴美食招待亲友。

在斋月结束时，每个回族穆斯林还要交纳“费特勒”钱②，用于赈济穷人或捐给清真寺。交纳费特勒以后，一月中所封的斋才算圆满。

① 《古兰经》第九十七章第1～5节。

② 费特勒，阿拉伯语词音译，意译为“开斋捐”。

在回族聚居的区域，开斋节的庆祝仪式一般要进行三天。由于回族散居全国，随着不同地区的社会发展，庆祝的方式和隆重程度也不相同。至今仍保持节日传统的习俗，欢度方式最具特色的地区之一，就是位于甘肃省中部西南面具有“中国小麦加”之称的临夏回族自治州。

临夏州回族欢度开斋节的帷幕实际从开斋节的前一天就已经拉开。这天晚上，大部分回族家庭都不睡觉，人们忙碌着做过节的食物。开斋节当天，从凌晨3点多钟开始，成年回族就要做大净，男女老少都换上自己喜爱的新衣服，小孩子们也打扮得漂漂亮亮。按照临夏州回族的传统习惯，在开斋节的早上，晚辈要给自家长辈送奶茶问安。天刚蒙蒙亮，回族群众纷纷涌向市内大小的清真寺及市区南面大夏河畔的空旷处，参加开斋节的“会礼”。

会礼，阿拉伯语称为“萨拉特·尔德”，是开斋节和古尔邦节穆斯林集体聚会举行的拜功名称。在开斋节这一天，一部分平时不经常做礼拜的回族群众也前来参加会礼，清真寺大殿内往往容纳不下，院内甚至马路旁站满了人。大约八九点时，参加会礼的回族群众陆续到达，自动依次站班就位，整个现场庄严、肃穆。“会礼”开始时，先由德高望重的大阿訇诵《古兰经》、“赞圣”，紧接着再由“尔林”高的阿訇讲“卧尔兹”，最后集体做两拜“尔德”礼拜，静听伊玛目念“胡图白”[①]后，集体接“都瓦”结束。整个仪式一般持续一个多小时。

我国著名的新闻工作者范长江，在其《中国的西北角》一书中，曾记载了1935年他亲眼目睹西北回族参加开斋节“会礼”时的情景：“我看不到一个人在指挥他们，而他们老老少少却自动向西方坐成整齐的行列。一种庄严的伟大形象，透入每个参观者之心中。此时北风劲

---

① 胡图白：伊斯兰教的宣教仪式。阿拉伯语词音译，意为“宣讲”、“演说”，专指发表宣教演说。

烈，记者重裘无温，而席地而坐之整万回民，没有丝毫浮动气象，不能不谓为难能可贵。”① 由此可见开斋节会礼在回族心目中的重要性。

会礼完后，回族群众先向阿訇道安，接着大家彼此互道色俩目，然后各自到回民墓地念经，为自己家中亡故的亲属和全体穆斯林亡人祈祷、求宽恕；从墓地回来，还要向长辈和街坊邻舍的长者们道“色俩目”，祝贺节日愉快。这时，各家各户内专为开斋节制做的各种丰盛的油炸食品、菜肴都已置办齐全，瓷盘里摆的馓子，层层叠叠，香气扑鼻，再配上五颜六色、各种造型的油炸果子。汉族和其他民族的群众也络绎不绝地来到回族家中，表示节日的祝贺。

随着社会的发展，回族的开斋节也增添了不少新的内容，各地回族除节日参加聚礼等活动外，还参加各种文娱活动。如河北沧州地区的回族在节日里喜欢表演武术；西北一些地区的回族青年节日里喜欢进行摔跤、扳手腕等游戏；城市里的回族节日里则一般喜欢游公园等。也有许多回族青年选择在开斋节举行婚礼，也为节日增添了热闹气氛。现在，政府规定开斋节为穆斯林的法定假日，一般都放假一天。

二、古尔邦节

古尔邦节，其阿拉伯语词音译为“尔德·古尔巴尼”。“古尔邦”意为献牲，故古尔邦节又称“献牲节”、“宰牲节”，回族中也俗称“忠孝节”，在开斋节后的第七十天、伊斯兰教历的 12 月 10 日举行。伊斯兰教规定，教历 12 月上旬是教徒去麦加朝觐的日期，这是穆斯林的又一项宗教活动。朝觐的最后一天将要宰杀牛羊庆祝，所有人共餐，这也是全世界穆斯林的节日。

古尔邦节的来历，来自于远古阿拉伯人的宗教传说。据说先知易

① 范长江：《中国的西北角》，等北京：新华出版社，1980 年，第 101 页。

卜拉欣年老后仍无子嗣，祈求安拉赐给他一个儿子。后来他果然得子，取名伊斯玛仪。此后，伊斯玛仪逐渐长大。一夜，易卜拉欣梦见安拉命他宰杀伊斯玛仪献祭，以考验他的忠诚。当他准备提刀宰杀爱子时，安拉又送来一只黑色羯羊，代替伊斯玛仪做牺牲。这便是古尔邦节的来历。伊斯兰教过这个节日是为了遵守圣行，表示对安拉的绝对忠诚，愿意献出一切。这无疑是宗教节日，但对于回族而言也已经演变成了民族节日。

回民对古尔邦节也是非常重视的，其热烈程度仅次于开斋节，所以又称其为“小尔德”、“小开斋”。但宁夏等一些地区的回族则也有称古尔邦节为“大尔德”的，新疆及一些国外穆斯林也最重视古尔邦节。古尔邦节这一天穆斯林都要沐浴盛装，参加会礼，互相庆贺。除炸油香、馓子而外，还要宰牛、羊、骆驼等。一般只要经济条件允许，每人要宰一只羊，七人可合宰一头牛或一峰骆驼，所宰的肉要分成三份：一份自己留用，一份赠送至亲，一份赈济贫民。这一天，回族群众也会去游坟，缅怀先人。

古尔邦节的庆贺形式多种多样，各地互有异同。有些地方除了参加会礼和走亲访友外，还参加各种娱乐活动。人民政府为使回族欢度节日，给职工放假，过去还有对欢度古尔邦节的回族群众免征屠宰税[①]的规定。

三、圣纪节

圣纪节是伊斯兰教始传人穆罕默德的诞辰纪念日。据传，穆罕默

---

① 屠宰税是向屠宰牲畜的单位和个人征收的一种税收。此税现在由地方管理，征收与否由各地方人民政府自行决定。具体征收办法由各地根据《屠宰税暂行条例》和财政部的有关规定制定。《屠宰税暂行条例》已由时任国务院总理温家宝宣布自 2006 年 2 月 17 日起废止。

德诞生在阿拉伯太阴历象年（约为571年）3月9日或12日。穆罕默德逝世300年后，什叶派的法蒂玛王朝在埃及首次举行圣纪活动，这一做法逐渐扩展到其他国家。穆罕默德逝世于伊斯兰教历11年（632年）3月12日，据说与诞生的日期相同，因此回族的圣纪活动兼有纪念穆罕默德诞生与逝世的双重意义，也称为办“圣会”。届时，人们前往礼拜寺，听阿訇念经、赞圣，学习穆罕默德的生平业绩和品德，表示深切怀念。

回族穆斯林正在准备圣纪的菜肴　（敏昶提供）

有些地方的回族在圣纪节这一天还会聚餐纪念。他们自愿捐献肉、油、粮和钱物，并指定若干人具体负责会餐事宜。回族把圣纪节这一天义务劳动视为善行，因此争先恐后地去购置东西、炸油香、做菜等。在进行完必要的节日纪念活动后，大家坐在一起，边吃边聊，这也正是回族人民团结友爱的民族特点的体现。

四、法图麦节

法图麦节回族称为姑太节，是为了纪念穆罕默德之女、哈里发阿里之妻法图麦（又译作法蒂玛）而举行的纪念活动。法图麦在穆斯林心目中是具有懿德贤行的穆斯林女性，回族妇女敬重她的品行，尊称其为“圣姑太太”，每年于其归真日（伊斯兰教历 6 月 15 日）举行纪念活动。届时，她们到清真寺或集资办“尔麦里”圣会，请阿訇诵经、赞圣、祈祷，讲解法图麦的事迹，并散“乜贴”以示纪念。

五、登霄夜

登霄夜是纪念伊斯兰教先知穆罕默德“夜行升霄”的日子。据载，穆罕默德 52 岁时（621 年）7 月 27 日曾由天仙哲白依勒陪同，乘名为布拉克的天马一夜之间从麦加到耶路撒冷，并从那里登霄，遨游七重天，见到诸天仙和古代的先知，并参观天园、火狱等，在黎明时又重返麦加。此后穆斯林将耶路撒冷视为与麦加、麦地那同样重要的“圣城”，并以每年伊斯兰教历 7 月 27 日夜晚为“登霄夜”。这天晚上，回族穆斯林聚集到本坊清真寺举行礼拜、祈祷以示纪念，阿訇还要着重宣讲登霄的意义及情景，要求穆斯林以穆罕默德的言行严格要求自己，做一名合格的穆斯林。

六、阿舒拉日

阿舒拉日是伊斯兰教的纪念日。“阿舒拉”是阿拉伯语的音译，意为第十，指伊斯兰教历的 1 月 10 日。据说安拉在这一天创造人类、天园和火狱。在有关的宗教传说中，阿丹、努哈、易卜拉欣和穆萨等古代先知都在这一天得到拯救。公元 622 年，穆罕默德从麦加迁往麦地那后，曾将此日也定为斋戒日。由于这一天与伊斯兰教多项传说及历

史事件相关，遂成为纪念日。

一些地区回族在阿舒拉日这一天要用各种豆类熬粥，称为“阿舒拉饭”，云南回族俗称阿舒拉日为“稀饭节”。据说先知努哈曾受真主指派劝说世人放弃偶像崇拜而信仰真主，但遭到一些人的讥笑。后来洪水漫世，不信真主者全部丧命，而努哈造方舟带走了归信者及世间各类动物和禽类。洪水消退后，方舟上的人却又遇饥饿之苦。于是努哈吩咐将方舟中仅有的豆煮粥，拯救了人们的性命。回族在阿舒拉日喝豆粥的习俗就是为纪念这件事而形成的。

七、拜拉特夜

拜拉特夜是伊斯兰教对安拉“赦免之夜”的称谓。“拜拉特”是阿拉伯语词音译，其意为“赦免”。“拜拉特夜”为伊斯兰教历 8 月 15 日的夜晚，相传安拉将在此夜决定人们一生的生死祸福，因此穆斯林于该夜念经、礼拜，白天封斋，以示纪念。部分回族还将“拜拉特夜”扩展为“拜拉特月”，即从进入伊斯兰教历 8 月以后便开始了宗教纪念活动。一些回族家庭邀请阿訇带领全家念“讨白”[①]，表示对一年中过失的忏悔，并向安拉求恩赐和赦免。这种活动一直持续到“拜拉特夜”为止，俗称“转拜拉特”。

以上回族的节日与纪念日，基本上都源于伊斯兰教教义，如开斋节的戒恶，古尔邦节的敬主，圣纪节的赞圣等。在节日的会礼上，阿訇在讲经时，都要解释节日的宗教含义。可见，回族节日文化表现为明显的宗教性，只是这种宗教性随着时代的发展而逐渐民俗化，而今作为文化传承，伊斯兰教节日已成为回族人民相沿成的风俗习惯了。

与其他民族的节日相比较，回族节日有传授知识、加强交流与团

---

① 讨白：伊斯兰教法用语，阿拉伯语音译，意为“悔过”、“悔罪”、“忏悔”。即穆斯林向安拉真心诚意的悔罪方式。

结的特点。开斋节、古尔邦节的会礼中，阿訇讲的“卧尔兹”即包括宗教教义、教律、教史，同时还联系社会现实，糅进大量的历史、天文、哲学、医学的神话传说故事，使来参加会礼的人知道许多知识，受到一定的教益。另外，节日里进清真寺的群众几倍于平时的人数，在会礼前后，大家互相问候，畅叙情怀，还起到交流感情与信息的作用。特别是参加会礼的回族穆斯林群众，整齐地面向麦加礼拜，庄严肃穆的会礼场面和气氛，培养了回回民族的民族认同感，增强了回族内部的团结。而节日里回族群众自愿给清真寺施散钱粮、救济贫穷孤寡的行为，则又表现了回族人民同舟共济的内聚力。